INVERTIR

Una Sencilla Guía De Inversión Para Principiantes

(Guía Sencilla Para Aumentar Los Ingresos)

Yuri Razo

Publicado Por David Kruse

© **Yuri Razo**

Todos los derechos reservados

Invertir: Una Sencilla Guía De Inversión Para Principiantes (Guía Sencilla Para Aumentar Los Ingresos)

ISBN 978-1-989744-40-6

Este documento está orientado a proporcionar información exacta y confiable con respecto al tema y asunto que trata. La publicación se vende con la idea de que el editor no esté obligado a prestar contabilidad, permitida oficialmente, u otros servicios cualificados. Si se necesita asesoramiento, legal o profesional, debería solicitar a una persona con experiencia en la profesión.

Desde una Declaración de Principios aceptada y aprobada tanto por un comité de la American Bar Association (el Colegio de Abogados de Estados Unidos) como por un comité de editores y asociaciones.

Se establece que la información que contiene este documento es veraz y coherente, ya que cualquier responsabilidad, en términos de falta de atención o de otro tipo, por el uso o abuso de cualquier política, proceso o dirección contenida en este documento será responsabilidad exclusiva y absoluta del lector receptor. Bajo ninguna circunstancia se hará responsable o culpable de forma legal al editor por cualquier reparación, daños o pérdida monetaria debido a la información aquí contenida, ya sea de forma directa o indirectamente.

Los respectivos autores son propietarios de todos los derechos de autor que no están en posesión del editor.

La información aquí contenida se ofrece únicamente con fines informativos y, como tal, es universal. La presentación de la información se realiza sin contrato ni ningún tipo de garantía.

Las marcas registradas utilizadas son sin ningún tipo de consentimiento y la publicación de la marca registrada es sin el permiso o respaldo del propietario de esta. Todas las marcas registradas y demás marcas incluidas en este libro son solo para fines de aclaración y son propiedad de los mismos propietarios, no están afiliadas a este documento.

TABLA DE CONTENIDO

Parte 1

Introducción

Quiero darte las gracias y felicitarte por la descarga.

Me estaba aproximando a la edad de 30 años cuando comencé a considerar realmente las implicaciones de invertir en mi futuro. Lamentablemente, los estadounidenses a menudo esperan mucho más hasta que empiezan a considerar las inversiones financieras para su futuro. Casi la mitad de todos los estadounidenses no tiene ninguna inversión activa en absoluto, y un tercio más no ha ahorrado suficiente para la jubilación. Yo tuve suerte de descubrir la importancia de la inversión a una edad relativamente temprana, y hoy en día soy una prueba viviente de cómo alguien puede realizar inversiones para el futuro cercano y para una etapa más lejana.

Existe un mundo de oportunidades de inversión que te puede otorgar ingresos para el corto y el largo plazo. Yo he visto que las mejores inversiones para mi estilo de vida son aquéllas que me proporcionan flujo de efectivo inmediato, y eso es exactamente lo que quiero enseñarte. El propósito de este libro es destacar las ventajas de la inversión y cómo invertir para conseguir múltiples resultados diferentes. Tanto si tu objetivo final es la jubilación, ahorrar para una casa o simplemente intentar reforzar tus ahorros, te ofrezco soluciones que te guiarán a lo largo del camino.

Si no empiezas a invertir, siempre dependerás de tus ingresos inmediatos y de la ayuda del Estado. Ninguna de estas fuentes de ingresos es fiable en el largo plazo y las ventajas de ahorrar son importantes incluso cuando eres joven y tienes un trabajo a tiempo completo. Desde un fondo de emergencia de seis meses, hasta fondos de revalorización anual que utilizas para las vacaciones, la inversión tiene implicaciones prácticas para la seguridad y el ocio, y es útil para cualquier persona de cualquier edad.

A lo largo de los siguientes capítulos, aprenderás los fundamentos de la inversión, así como el sentido práctico de cómo invertir. Ya tengas cien dólares o diez mil, existen oportunidades de inversión que puedes empezar hoy y de las que te beneficiarás durante mucho tiempo en el futuro. Es el momento de poner tu dinero pasivo en acción, de aumentar tus ahorros y de ofrecer un mejor futuro a ti mismo y a tu familia – sigue leyendo y pronto verás crecer tus ahorros rápidamente.

Capítulo 1: La importancia de invertir

¿Por qué invertir es importante a cualquier edad?

En lo que se refiere a invertir, cuanto antes empieces mejor te irá. Lamentablemente, yo estaba cerca de entrar en la treintena cuando empecé a invertir, pero incluso si tienes una edad bastante más avanzada, invertir sigue teniendo importancia. Invertir te ofrece la capacidad de hacer crecer tu cantidad total de dinero a través de ganar intereses de forma pasiva con el paso del tiempo. Cuando se explican las ventajas de invertir, el argumento para involucrarse es bastante persuasivo, sin embargo, el problema es que, en cualquier momento dado, muchos de nosotros elegimos utilizar el dinero para efectos inmediatos en lugar de ahorrar e invertir.

Para demostrar la importancia de invertir frente a utilizar tu dinero en efectivo inmediato disponible, uno simplemente tiene que mirar a un famoso experimento: el problema del centavo. Si te ofreciera un millón de dólares hoy, o el interés ganado sobre un centavo que se duplica cada día durante un mes, ¿qué oferta elegirías? Sin pensar demasiado acerca del problema, muchos elegirían el más inmediato millón de dólares en efectivo. Si escogieras la opción uno, en lugar de la opción del interés acumulado, acabarías con cerca de cuatro millones y medio de dólares menos que si hubieras elegido la segunda opción. Aunque un centavo duplicándose cada día no parezca una gran forma de acumular muchos intereses, en el momento en el que empiezas a desglosar el problema y a mirar a los números, empiezas a ver que es la opción más lucrativa con diferencia. La clave es que el centavo acumula intereses exponencialmente, así que aunque en el segundo día sólo tengas dos centavos, en el octavo día ya tienes 1,28$. Al llegar al día número veinte, todavía no habrás ganado tanto como en el millón de dólares inicial, con sólo 5.242,88$ acumulados, pero cuando llegues al día número 30, el montante final habrá crecido hasta 5.368.709,12$.

Hay dos lecciones importantes que quiero

que aprendas con este ejemplo: la primera, que el interés no es intuitivo para los humanos, lo que quiere decir que es difícil comprender lo rápido que el dinero puede crecer a menos que hagamos las cuentas y mostremos el resultado. La segunda, que el coste real de no recibir el millón de dólares por adelantado fue esperar treinta días para ganar bastante más dinero. Éste es un principio clave en la inversión, de forma que lo que estarás intercambiando en lugar de recibir los ingresos rápidamente es simplemente el tiempo que te separa de tu dinero. Aunque, durante treinta días, no tenías un millón de dólares para poder usar, acabaste con bastante más dinero a final de mes.

Hay dos aspectos finales en este ejemplo que son muy importantes: ¿qué podrías haber hecho con el millón de dólares en esos treinta días?, ¿y cuáles son tus obligaciones fiscales? En capítulos posteriores verás que no siempre es sensato mantener una posición en una inversión si hay otras oportunidades para ver tu dinero crecer. En el ejemplo del centavo, es bastante cuestionable que hubieses podido quintuplicar tu dinero en treinta días, sin embargo, hay muchos supuestos en el mundo real en los que podrías haber ganado más con el dinero en efectivo por adelantado frente a dejar el dinero en una cuenta de interés devengados. El millón de dólares en efectivo por adelantado podría haber sido invertido para ganar intereses mucho más deprisa que el importe inicial si lo hubieras dejado en la cuenta. También tienes que considerar cuáles son tus responsabilidades fiscales para cada suma de dinero. Ahora mismo, la disparidad entre ambas cuentas es de cuatro millones y medio de dólares, y ganas bastante más dejando un centavo en la cuenta de ahorros. Supón que la disparidad fuera bastante menor, una cantidad alrededor de 50.000$. En este caso, el millón de dólares por adelantado es bastante más tentador, ya que marginalmente estás ganando más en comparación con el supuesto original presentado. Lo que esto no tiene en cuenta es la responsabilidad fiscal sobre el efectivo ganado inmediatamente frente a lo que hubieras ganado en treinta días. Cuanto más esperas, menor es tu responsabilidad fiscal. Esto significa que podrías ganar bastante más que 50.000$ si te quedarás con la inversión a treinta días, no porque la suma de dinero sea bastante más grande en principio, sino porque la tasa impositiva es mucho más favorable. Éste es un ejemplo de un microcosmos, y para una pequeña diferencia temporal de sólo treinta días la responsabilidad fiscal probablemente sea la misma, pero hay diferencias marcadas para mayores periodos de tiempo.

Interés compuesto

Deberías saber bastante bien que si alguien te ofrece un trato de duplicar un centavo durante treinta días, deberías sin duda aceptarlo pero, en el mundo real, invertir es bastante más difícil. No encontrarás estas oportunidades increíbles tan fácilmente. Sin embargo, el ejemplo del centavo demuestra un aspecto importante de la inversión, uno que posibilita que tu dinero gane intereses más rápidamente, el interés compuesto. El interés compuesto te permite ganar intereses sobre intereses que ya has acumulado. La definición podría parecer complicada, pero el concepto es bastante simple. En el ejemplo anterior del centavo puedes ver cómo funciona el interés compuesto, aunque en un supuesto poco realista. El interés ganado sobre el centavo se duplica cada día, y la nueva suma es la que se duplica, permitiendo que el dinero crezca a un ritmo tan exponencial. En términos reales, tenemos que observar un ejemplo mucho más insignificante.

Imagina que tuvieras cien dólares que se revalorizan a un interés de un uno por ciento, y esto se acumula cuatro veces al año. Podrías asumir que el interés que ganarías al final de un año sería de un dólar, o simplemente un uno por ciento de tu inversión inicial, pero esto no es totalmente preciso. Es compuesto y se acumula cuatro veces al año, por lo que después de tres meses has ganado 0.25$, o un cuarto de ese uno por ciento de interés. Lo que hay que destacar es que esta pequeña suma se añade a la inversión inicial de manera que cuando el próximo periodo de intereses se produzca, otros tres meses, estás ganando intereses sobre 100,25$ y no sobre 100$. Al final del primer año, esto se ha producido cuatro veces esencialmente. Después del primer trimestre, has ganado 100,25$, después del segundo 100,50$, después del tercero 100,76$, y 101,02$ después del cuarto. Estos números no están muy lejos del uno por ciento que podrías haber esperado inicialmente, pero puedes ver que ya que el interés es compuesto, estás ganando más que ese uno por ciento. Ya que se cuenta el interés en la nueva suma, estás ganando intereses a un ritmo mayor. En este ejemplo, con números muy modestos, la diferencia es de sólo dos centavos, pero con mayores cantidades de dinero y mejores tipos de interés, este número puede crecer muy rápidamente.

Además, hay una idea adicional sobre el

interés compuesto, que es coger el interés de una inversión y pasarlo a otra. Esto no está tan institucionalizado como el interés compuesto una vez al trimestre, y depende de cada persona elaborar los detalles.

Puedes ver, sin embargo, que si controlases todo el interés que has acumulado, y lo movieses a diferentes empresas de inversión, crecería a un ritmo acelerado. Es en esta idea del interés compuesto y en el hecho de usar siempre el interés ganado en antiguas inversiones para arrastrarlo para nuevos intereses, que puedes empezar a ver también la importancia de empezar a invertir tan pronto como puedas. Si inviertes durante más tiempo, independientemente de la cantidad total de dichas inversiones, mejor te irá. El principio del interés acumulado sobre otro interés es simplemente demasiado poderoso como para ignorarlo.

Por qué tienes que invertir, incluso si estás bajo presión financiera

El interés compuesto debería ser un

argumento suficientemente atractivo sobre por qué ahorrar lo antes posible juega a tu favor, sin embargo, sé lo difícil que invertir puede parecer cuando estás bajo presión financiera. Simplemente hace unos pocos años, habría tenido dificultades en realizar cualquier tipo de inversión para mi futuro. Tenía un trabajo moderadamente remunerado en una ciudad muy cara; entre el alquiler, la comida y los viajes, consumía una parte tan grande de mi salario que invertir no parecía merecer la pena mi tiempo. Ésta es una mentalidad común, y la entiendo, pero es también una mentalidad que te perjudicará. Debes empezar a ahorrar e invertir lo antes posible, e incluso la inversión de cantidades minúsculas de tu salario equivaldrá a grandes beneficios en el futuro.

Usemos como ejemplo el modelo de un estadounidense. Imagina un hombre o una mujer, que trabaja de treinta y cinco a cuarenta horas semanales en un supermercado. Se aproximan a la edad de cuarenta años y ganan unos seiscientos dólares a la semana. Esto significa que ganan aproximadamente treinta mil dólares al año. Ignorando los impuestos de momento, sabes que esto no es una gran cantidad de dinero. La persona que estás imaginando es también de mediana edad, lo que significa que probablemente tenga obligaciones familiares que se comen gran parte de su salario. ¿Y si esta persona pudiera ahorrar simplemente diez dólares a la semana, y al final del año usara esos ahorros para empezar a realizar inversiones? Al final del primer año habría ahorrado sólo 520$, pero una inversión de esta magnitud le puede rendir fácilmente a un interés del tres o cuatro por ciento con la orientación para la inversión de pequeños capitales del capítulo dos. Después de dos años, esta persona tendría 1.060,80$, de los cuáles 20,80$ procederían del interés acumulado sobre los 520$ iniciales, y otros 520$ de los ahorros añadidos en el segundo año. Después del tercer año, esta persona tiene ahora 1.623,24$, de los cuales alrededor de 63$ proceden de los intereses de los ahorros de los dos primeros años. Podemos ver que muy rápidamente el interés ha pasado de crecer a un ritmo de 20$ por año a 60$ por año; se ha multiplicado por tres a pesar de que el tipo de interés no ha cambiado. Después del cuarto año habrá ganado 2.208,17$; después de quinto, 2.816,50$; y después del sexto, 3.449,16$. Seis años, diez dólares a la semana y trabajar con el interés compuesto le han supuesto a esta persona ahorrar más del diez por ciento de su salario anual.

Si ahorrar una cantidad tan pequeña cada semana, ya que diez dólares es bastante fácil de conseguir, puede equivaler a una cantidad de ahorros tan grande, imagina si ahorrases veinte, treinta o más dólares por semana. Imagina si hubiera empezado a ahorrar a la edad de veinte y cinco o treinta años, en lugar de a los cuarenta. Independientemente de tu edad y de tu habilidad para ahorrar e invertir, siempre debes guardar algo de dinero, no importa cuánto, para poder recoger los frutos del interés — simplemente utilizando algo de tiempo y ahorrando un poco, puedes construir unos ahorros considerables en sólo unos pocos años.

Capítulo 2: Invertir para el flujo de efectivo

Los Tipos de Inversiones

Quiero que empieces a ganar dinero en efectivo de inmediato con tus inversiones iniciales. Comprendo que eres un principiante, que, probablemente, no tienes mucho dinero para invertir, y que ahora mismo las ventajas de invertir son simplemente teóricas. Si puedo hacer que ganes intereses que puedas convertir en dinero en efectivo en sólo un año, creo que tendrás incluso más razones para invertir. Para mí, personalmente, éste fue el punto de inflexión, cuando empecé a darme cuenta de que invertir no sólo significaba ahorrar para el futuro. Significó que recogería los frutos en sólo unas pocas semanas, meses o años. No tuve que esperar eternamente para ver los beneficios de mis esfuerzos, y tú tampoco tendrás que hacerlo.

En este capítulo encontrarás inversiones que proporcionan el interés acumulado más rápido, donde podrás ver tu inversión crecer delante de tus propias narices. Además, estas inversiones tienen puntos de retirada de efectivo muy claros, donde podrás convertir en efectivo disponible en un punto claro que tú mismo designarás. He dividido estas inversiones en inversiones convencionales y poco convencionales. Las inversiones convencionales llevarán más tiempo para dar resultados y tienen una exigencia inicial mayor, pero también proporcionan grandes cantidades de intereses. Las inversiones poco convencionales requerirán más tiempo activo para ser supervisadas, pero empezarás a ver intereses en tus manos tan pronto como en sólo treinta días. Para conseguir mejores resultados, yo invertiría en ambos tipos de inversiones, pero si estás empezando con una pequeña suma, prueba las inversiones poco convencionales para conseguir un mayor interés y adentrarte más adelante en empresas convencionales con mejores intereses devengados.

Unas palabras rápidas sobre el ahorro

En el capítulo uno viste cómo a un tipo de interés de sólo un cuatro por ciento anual, una persona podía hacer crecer el tamaño de sus ahorros rápidamente. Lo que era necesario para que esto funcionase era, no obstante, ahorrar. Recuerda que cuanto mayor sea tu inversión inicial, mayor será el interés generado. Como estás empezando, no puedes confiar únicamente en los intereses para hacer crecer tu cuenta, querrás tener una inversión lo más grande posible para hacer crecer los intereses lo más rápido posible. Para acelerar el interés que estás ganando, sugiero que ahorres parte de tu dinero con métodos muy tradicionales, lo que significa simplemente reservar una parte de tu salario todas y cada una de las semanas. Utiliza este dinero cada pocos meses o al final de cada año para realizar grandes inversiones en las que te beneficiarás del interés. Una vez que tienes una cuenta de un tamaño considerable, verás que el interés que estás ganando es mucho mayor que simplemente ahorrar unos pocos dólares cada semana, pero para llegar a este punto tendrás que trabajar en el ahorro por adelantado.

Inversiones Convencionales

Acciones para dividendos
Me encanta la General Motors. No me gustan demasiado sus coches y nunca he sido propietario de un vehículo suyo, pero estoy totalmente cautivado por la empresa. Pagaron unos intereses por dividendos de más de un cuatro por ciento el año pasado. Ésta es una de las principales estrategias para realizar inversiones, trabajar con empresas en la bolsa de valores que pagan intereses por dividendos. Éste es un interés que se paga a los inversores de una empresa, y el único requisito que tienes que cumplir para ganarlo es ser un accionista. Por cada acción de General Motors que poseas se te pagará un interés por dividendos como propietario de dichas acciones. En este caso, el interés recibido es bastante

grande, por encima del cuatro por ciento. La clave para trabajar con intereses por dividendos es entender que tu inversión inicial es una inversión a dos o tres años, y que la cantidad de dinero que puedes ganar con esta inversión es directamente proporcional al número de acciones de la empresa que poseas. No dejes que el requisito del largo periodo de tiempo te preocupe demasiado, estarás ganando intereses por dividendos por lo menos una vez al año. Hay dos aspectos muy importantes sobre los intereses por dividendos que necesito mencionar: uno, que aunque se trata de la bolsa de valores, no es una inversión muy arriesgada. Dos, que estás ganando intereses sobre las acciones de la empresa que posees, pero al ser propietario de acciones también ganas acceso a un tipo de inversión completamente independiente, las acciones en sí mismas.

El concepto de los dividendos es simple, pero muchos estadounidenses pueden tener dificultad para explicar lo que son y cómo funcionan. Cuando realizas una inversión en una empresa en el mercado de la bolsa de valores, ellos quieren asegurarse de que mantienes esas acciones. Cuando el mercado se aprieta para comprar nuevas acciones de la empresa, la empresa podría tener el potencial de dividir las acciones, crear nuevas y aumentar el valor total de la empresa. Esto se produce porque el valor total de la empresa es técnicamente equivalente a su capitalización bursátil, que es una función del precio de las acciones, multiplicado por el número total de acciones de la empresa vendidas. La clave para la empresa es asegurarse de que los inversores están contentos. Hay dos formas básicas de hacer esto, y se complementan bastante bien para los inversores. La primera forma es simplemente aumentando el valor de la empresa, incrementando la demanda de sus acciones y su precio. Una empresa como Apple hace esto bastante bien, como hace unos años cuando sus dividendos reales eran bastante bajos, pero mantuvieron a los inversores porque sus acciones estaban aumentando muy rápidamente. Un inversor se involucraría con las acciones simplemente para venderlas en una fecha posterior, sabiendo que era probable que aumentaran su valor. Google tampoco tuvo que pagar dividendos frecuentemente a principios y mediados de los años 2000. Su empresa estaba creciendo a un ritmo tan eléctrico que el crecimiento en el valor de las acciones era suficiente para atraer a los inversores. La mayoría de las empresas no cuentan con el lujo de que sus acciones crezcan rápidamente, o al menos lo suficientemente rápido para atraer a un creciente número de inversores.

Grandes empresas establecidas, aquéllas que tienen ganancias estables pero pequeñas en cuestión de revolucionar la tecnología y los mercados como Apple y Google, tienen que utilizar un enfoque diferente para mantener a los inversores. Utilizan los dividendos como un incentivo para que los inversores mantengan sus acciones. Los dividendos pagarán una cierta cantidad de dinero por acción, lo que significa que cuantas más participaciones de una empresa tiene un inversor, mayor será el tamaño de sus dividendos. Esto incentiva a los inversores a asumir una participación lo más grande posible para obtener incluso más ingresos inmediatos procedentes de los dividendos. Para darte una idea de cuánto pagan estos dividendos, ésta es una de las inversiones clave que utilizan los trust. Los trust quieren utilizar inversiones de muy bajo riesgo que tienen cierto grado de certidumbre, de las que podrán generar intereses con cualquier inversión. Al trabajar con acciones para dividendos, o más bien con acciones conocidas por pagar dividendos a los inversores, los trust pueden tener una garantía de la seguridad de sus inversiones.

Las dos formas en las que las empresas seducen a sus inversores para mantener sus acciones no son mutuamente excluyentes, y para nosotros como inversores, ambos factores nos pueden satisfacer muy bien. Si inviertes en acciones por dividendos como General

Motors o American AirlinesGroup, estarás generando ingresos con una frecuencia de tres meses hasta un año, dependiendo de cómo paga los dividendos la empresa. Además, también tienes la opción extraordinaria de los ingresos potenciales procedentes de la venta de las acciones. En general, puedes esperar que las acciones de una empresa crezcan durante un periodo suficientemente largo de tiempo. Esto significa que estás ganando intereses cada año a través de dividendos, pero después de unos pocos años también puedes vender la inversión inicial que realizaste, ganando de una sola vez una buena cantidad de interés con tu inversión.

Invertir en la bolsa de valores puede parecer una idea aterradora para nuevos inversores, pero la verdad es que estamos haciendo inversiones a largo plazo muy seguras. Hay una actitud general hacia el mercado de la bolsa de valores procedente de aquéllos que no han realizado muchas inversiones personales como un Salvaje Oeste de las inversiones, en el que las fortunas se ganan y se pierden en unos días. La verdad es que el mercado de la bolsa de valores es bastante más estable de lo que la gente se piensa, y a lo largo del tiempo puedes esperar que el mercado entero gane valor. Simplemente en los últimos quince años, el Dow Jones ha más que duplicado su valor total, y esto durante el periodo de la gran recesión y crisis financiera de 2008 y 2009. La clave para realizar inversiones seguras en la bolsa de valores es trabajar con empresas conocidas y estables y, como garantía adicional, trabajar con aquéllas que pagan dividendos para que puedas empezar a ganar inmediatamente. Invertir en la bolsa de valores de forma que tú inviertes y simplemente te relajas es la mejor forma para generar unos ingresos estables; las inversiones en las que tienes que supervisar constantemente las acciones como un corredor de bolsa son las inversiones más arriesgadas, y aquéllas por las que tienes una perspectiva del mercado de la bolsa de valores como una aventura arriesgada.

Estas inversiones tienen sólo dos desventajas. La primera es que para ganar grandes cantidades de efectivo inmediato, necesitas poseer un número considerable de acciones de una empresa. Más específicamente, esperaría que pudieses ganar unos 300$ cada tres meses con una participación de 5.000$ en el mercado, más o menos. Incluso si no puedes comprar muchas acciones, recuerda que puedes vender esas acciones más tarde, haciendo que la inversión sea algo más que simplemente el efectivo inmediato procedente de los dividendos. El segundo problema es que, aunque el mercado crecerá en el largo plazo, se producen a veces crisis financieras de magnitudes diferentes. Esto cambiaría tanto los dividendos recibidos como tu capacidad para ganar intereses con la venta de acciones. Si esto sucede, la mejor estrategia posible es permanecer en el mercado y esperar a que pase. Las probabilidades de que suceda son bajas, pero es un riesgo del que hay que ser consciente.

Propiedad Inmobiliaria

Durante un corto periodo de tiempo después de la crisis inmobiliaria de 2008, hubo conversaciones sobre cómo podría tener sentido alquilar un apartamento o una casa en lugar de comprarla. Esto ya no es cierto hoy en día. En la mayoría de las ciudades y localidades de Estados Unidos, tiene mucho más sentido comprar donde vas a vivir que simplemente alquilar. Por supuesto, hay circunstancias especiales en las que esto no es cierto, aquéllos que quieren mudarse, por ejemplo, pero para la gran mayoría de los estadounidenses, ser propietarios de una casa simplemente tiene sentido. Incluso si no vives en esa casa, el interés revalorizado sobre una casa es uno de los mayores que puedes generar con cualquier inversión. La utilidad de una casa procede de poder vivir en ella, pero también de la gran cantidad de dinero que se gana al vender una propiedad. Se trata de una inversión multianual pero, en tan sólo cinco años, podrías literalmente duplicar tu dinero en propiedades en ciertas partes del país. Por ejemplo, examinando las ciudades más populares a las que nuevos residentes se están mudando a un ritmo más alto, puedes ver que las casas se están realmente revalorizando a una tasa de incluso entre diez o veinte por ciento anual. Austin en Texas y San Francisco son algunas de estas ciudades en las que puedes generar una gran cantidad de beneficios después de un par de años. La clave es que estas ciudades se están convirtiendo en prohibitivamente caras, haciendo que sea muy difícil comprar una casa en el clima actual. A la mayoría de los estadounidenses les iría mejor simplemente comprar una casa en el área en la que viven y venderla tras cinco o diez años, dependiendo de si la están usando o no. En cualquier caso, todavía hay esperanza si quieres ganar mucho dinero muy rápido, entrando en ciudades en las que se han visto crecimientos masivos en los últimos años, pero en las que los precios de las casas son relativamente modestos. Me fijo en ciudades como Saint Louis y Minneapolis, ya que tienen poblaciones que están creciendo rápidamente, pero tienen un mercado inmobiliario propicio.

Una casa no necesita ser una inversión multianual para ver algún tipo de interés acumulado en la misma. Hay una forma fácil y sencilla de empezar a ver efectivo procedente de tu inversión: alquilar una propiedad que has comprado. Esto es más profundo que simplemente comprar una propiedad y venderla en una fecha posterior. Te conviertes en un colaborador activo, asegurándote de que tu casa está aportando dinero, pero lo que estás haciendo es proporcionar también una fuente de ingresos adicional para tu casa. Al alquilar una casa que has comprado puedes esencialmente venderla en una fecha posterior por una gran suma de dinero, pero también recaudar los pagos mensuales de los inquilinos en tus propiedades. Ésta no va a ser una opción que funcione para todo el mundo, pero como una gran inversión que empiezas a rentabilizar inmediatamente, puede realmente funcionar para muchos inversores.

Además, hay más valor que en una simple casa o apartamento. El terreno en sí mismo es frecuentemente bastante valioso, y su valor crecerá a lo largo del tiempo. Lo bueno de esto es que el coste de la inversión es bastante menor que el de una casa, y tu obligación de construir en cualquier terreno adquirido es cero, así que puedes mantener la escritura y venderlo en una fecha posterior. Conozco algunos inversores que entraron en esto en algunas partes de Florida. Ellos compraron solares vacíos y los mantuvieron durante unos pocos años, pagando impuestos sobre la propiedad del terreno y mayoritariamente perdiendo dinero, hasta que tuvieron la oportunidad de vender la propiedad (**toeithersomeone**). Estas ventas procedían de personas que querían construir una casa en los mismos o, bastante más lucrativo, de una empresa queriendo construir un complejo residencial. Ésta es una inversión más arriesgaday no siempre está tan claro que tu terreno será valioso en el futuro. Al mismo tiempo, el coste de entrada es bastante más barato y nada te impide hacer una evaluación precisa de qué terrenos en tu área serán valiosos en el futuro. Fijarse en solares vacíos, los cuáles mucha gente considera inapropiados, y realizar una compra, es una gran forma de proporcionar ingresos futuros cuando alguien viene hacia ti queriendo comprar ese terreno. El único riesgo es el periodo de tiempo hasta que el terreno aumenta de valor.

Fondos de Inversión Inmobiliaria

Entrar en el mercado inmobiliario por tu cuenta es muy caro, pero hay una forma de mitigar este coste al formar parte de un fondo de inversión inmobiliaria. Éstos son grupos de personas que juntan su dinero para comprar propiedades inmobiliarias. Normalmente, o bien los miembros votan sobre una propiedad, o hay un administrador central que decide las compras. Estos grupos ganan dinero de la misma forma que una persona individual se beneficiaría de una propiedad. Se compra una propiedad y se vende en una fecha posterior, dividiendo los beneficios entre los inversores.

Ésta es una buena forma de generar intereses sobre inversiones en propiedades sin ser el único inversor en el proyecto. También abre algunas opciones interesantes a las que no tendrías acceso sin un fondo de inversión. Para empezar, tienes acceso al conjunto de capacidades que todos tus compañeros del fondo poseen. Mientras que la responsabilidad de elegir una propiedad que aumente de valor puede ser abrumadora para una persona individual, contar con un grupo que trabaje conjuntamente en esta tarea puede llevar a mejores resultados. Tienes una cantidad de información bastante mayor de la que posees individualmente, lo que lleva a mejores elecciones. En segundo lugar, el tamaño de la propiedad y, por tanto, el interés, pueden aumentar bastante. Puedes comprar propiedades en partes atractivas de la ciudad; partes de tu área en las que sabes que la demanda va a crecer en un futuro muy cercano. Esto te permite realizar una inversión a menos tiempo y seguir ganando una gran cantidad de intereses. En tercer lugar, y quizás la característica más importante que los fondos de inversión inmobiliaria ofrecen, el grupo en su conjunto puede financiar la mejora de una propiedad. Éste es un aspecto esencial de los fondos de inversión inmobiliaria, y bastante más difícil para la persona individual de llevar a cabo. Un grupo comprará una propiedad que necesita trabajo y mantenimiento para ser vendible. Ellos entonces, o bien contratarán a un equipo para reparar la propiedad, o lo harán ellos mismos. Un fondo de inversión inmobiliaria puede tener a menudo más de veinte miembros, y muchos de ellos son frecuentemente especialistas en reparar propiedades. Ellos simplemente se unen al fondo de inversión inmobiliaria para tener acceso a una mayor cantidad de capital. No es inusual que estos miembros del fondo de inversión se lleven una parte ligeramente superior de los beneficios, ya que han realizado un mayor esfuerzo, pero los beneficios que una casa arreglada genera no deberían ser subestimados. Hay negocios enteros que operan con este modelo y, aunque es a una escala menor con el fondo de inversión inmobiliaria, sigue siendo una oportunidad increíble para ganar interés con tu inversión.

Finalmente, un fondo de inversión inmobiliaria es bastante adecuado para recaudar el alquiler de los inquilinos si deciden alquilar las propiedades. Con entre diez y veinte personas trabajando juntas, la idea de mantener varias propiedades que son alquiladas a inquilinos resulta más fácil. De una cierta forma es como dirigir un negocio, sólo que a una escala mucho menor. Estos grupos tienden a tener sólo unos pocos inquilinos porque, en un cierto punto, estos fondos de inversión necesitarían contratar ayuda externa, lo que reduciría los beneficios de los mismos. Ésta es una gran forma de ganar intereses inmediatos sobre tu inversión, y de poseer la ayuda para superar las dificultades de alquilar propiedades. Además, como en otros aspectos del fondo de inversión inmobiliaria, consigues acceso al conocimiento y al saber hacer de todos los miembros del fondo, haciendo que este proyecto en su conjunto sea mucho más sencillo.

Yo entré en un fondo de inversión inmobiliaria en mi área hace aproximadamente un año, y ha demostrado ser una de las inversiones más inteligentes que jamás haya realizado. El fondo de inversión inmobiliaria me ha generado el 150% de mi inversión inicial en el primer año, algo que es bastante difícil de alcanzar con otras inversiones. Me gustaría decir que no puedes esperar este tipo de éxito en la mayoría de fondos de inversión inmobiliaria, y que nuestro mercado tenía una ventaja particular debido a una afluencia de negocios en nuestra área. Hay muchas personas y familias buscando casas, y nuestro fondo de inversión tiene suficientes recursos para comprar y vender casas con bastante rapidez, así como para alquilar dos propiedades. Ahora mismo, nuestro enfoque está en comprar una propiedad, llevar a cabo un trabajo mínimo para arreglarla, y después venderla unos meses después. Por ejemplo, la pasada primavera compramos una casa por 250.000$. Gastamos aproximadamente otros 10.000$ para reformar uno de los baños, arreglar los azulejos de la cocina y añadir puertas francesas en la parte de atrás de la casa. Honestamente, probablemente pagamos en exceso por el trabajo, pero nadie en mi fondo es lo bastante hábil o capaz para realizar este trabajo fácilmente — necesitamos contratar contratistas externos que ya están bastante ocupados con la afluencia de pedidos en nuestra área. Esta casa acabo siendo vendida por 370.000$ aproximadamente nueve meses después de haberla comprado. Es difícil encontrar una inversión que te haga ganar tanto y, por lo que yo sé, creo que es la inversión más exitosa que el fondo de inversión haya realizado jamás, pero nos muestra lo que puede ocurrir cuando se compra una propiedad y se lleva a cabo un poco de trabajoen la misma. En total ganamos unos 90.000$ después de impuestos, lo que personalmente me supuso 5.200$ netos.

Entrar en un fondo de inversión inmobiliaria en tu área va a depender mucho de los círculos sociales en los que te mueves, el tamaño de tu localidad o ciudad, y la cantidad de capital que puedes ofrecer al mismo. Nuestro fondo empezó como un fondo de inversión comunitario que se transformó para especializarse en viviendas y desarrollo. Para unirte a nuestro fondo de inversión necesitas al menos diez mil dólares, lo que supone una inversión elevada para muchos. Sin embargo, los beneficios de un fondo de inversión compensan enormemente los costes, y recomendaría esta forma de inversión a cualquiera que busque ganar dinero en el mercado inmobiliario. Es tan rentable que incluso recomendaría empezar tu propio fondo de inversión si tienes la capacidad. Demostrar a otros el valor de reunir vuestro dinero para inmuebles no es una propuesta de ventas tan difícil, ya que simplemente puedes indicar el valor creciente de las casas en vuestra área. Además, el compromiso de tiempo para este tipo de empresa es relativamente bajo, lo que la convierte en una inversión ideal que consumirá una cantidad mínima de tu tiempo.

Inversiones Poco Convencionales

Préstamos entre particulares

Si estás empezando a invertir, te sugiero que entres en Internet y busques "préstamos entre particulares". Ésta no es una operación que te vaya a hacer rico inmediatamente, pero empezarás a ver intereses sobre tu inversión en tan sólo treinta días. La clave de este estilo de inversión es que haces una transferencia personal a una persona a través de Internet. Esa persona puede ser alguien en Estados Unidos o en el extranjero que necesita entre quinientos y mil dólares de inversión. A veces necesitan incluso menos dinero, pero los tipos de interés en pequeños pagos son muy bajos. Hay dos problemas principales con este servicio:

uno, que no hay medidas para asegurarse de que te pagan, tienes que confiar en un sistema basado en la reputación. Y dos, que muchas de estas páginas fueron creadas para ser **virtuosas**, lo que significa que los intereses totales recaudados son relativamente bajos para el servicio que ofreces. Una vez dicho esto, no descartes los préstamos entre particulares tan rápidamente. Ésta fue una inversión en la que fui capaz de generar mil dólares en intereses en tan sólo un poco más de seis meses. Fue, de hecho, una de las primeras inversiones en las que participé.

La forma en que este sistema funciona es que tú prestas dinero a una persona directamente, pagando normalmente a través de PayPal. Este dinero puede ser usado para muchas cosas diferentes, desde un pago de la hipoteca, hasta arreglar un coche o pagar una boda. En muchos casos, se utiliza para financiar una emergencia, y una persona se dirigirá a un servicio de préstamos entre particulares porque, o bien están en un tipo de trabajo que no les permite los préstamos mediante adelantos en el sueldo (no tienen un talón de ingresos en su lugar de trabajo), o utilizan el servicio en Internet primero porque los tipos de interés de los préstamos mediante adelantos en el sueldo están regulados de forma poco estricta y son muy altos. Normalmente puedes esperar un interés de aproximadamente un diez por ciento a treinta días, por lo que con un préstamo de quinientos dólares, ganarás cincuenta dólaresen treinta días. Puede parecer una cantidad muy pequeña a ganar frente al riesgo de perder quinientos dólares, pero un rendimiento de un diez por ciento a treinta días es bastante bueno en realidad. Y hay también numerosos sistemas para mitigar la posibilidad de que no te paguen. Por ejemplo, la gente que solicita dinero tiene un sistema de reputación que les acompaña, así que puedes elegir prestar sólo a aquellos que han pagado todos sus préstamos previos. Esto reduce bastante el riesgo inherente de este sistema, y te permite hacer inversiones más seguras en préstamos entre particulares. Cuanto más segura es la inversión, menor será la cantidad de intereses que puedes recaudar; sin embargo, los tipos de interés seguirán siendo favorables para los prestamistas. Los menores tipos de interésque yo haya visto eran de aproximadamente entre cinco y siete por ciento, y era algo extremadamente raro. Usando este sistema, personalmente fui capaz de ganar alrededor de 1.000$ en unos ocho meses. En todas las inversiones, todas y cada una de las personas a las que presté me devolvieron el préstamo dentro de la fecha establecida. El tipo de interés promedio fue alrededor de un diez por ciento, lo que significa que presté unos diez mil dólares en un periodo de ocho meses. Lo que es importante destacar es que en absoluto empecé con diez mil dólares sino que, al ver que recaudaba más y más intereses procedentes de los pagos, me involucré más en este tipo de operación. Lo recomendaría como una gran forma de inversión si estás empezando como inversor y no tienes el capital para invertir en las oportunidades de inversión más grandes mencionadas anteriormente. El camino será bastante largo hasta que empieces a generar una buena cantidad de ingresos procedentes de los intereses pero, según vayas practicando este método, podrás prestar más y más dinero con el tiempo, aumentando la cantidad que ganas con los intereses. Como con todas las inversiones, podemos empezar a pequeña escala y construir nuestra mayor cantidad de dinero, abriendo oportunidades adicionales para otras inversiones.

Invertir en un negocio local

Estaba leyendo un blog el año pasado sobre cómo invertir en negocios locales.Me imaginaba que fuese un artículo sobre cómo las grandes empresas invertían en negocios locales, pero todo lo contrario, era sobre cómo gente corriente abría líneas de comunicación con negocios locales y les ofrecía su apoyo. Esto es especialmente cierto con nuevos negocios, ya que se están expandiendo para llegar al número mínimo de clientes que necesitan para que el negocio sea sostenible. Por ejemplo, descubrí que si inviertes en un negocio local en Philadelphia, te preparas a ganar una buena cantidad de intereses. Esto se produce porque en la ciudad de Philadelphia es extremadamente difícil conseguir una licencia para servir bebidas alcohólicas. Normalmente, esto es un problema de no contar con el capital para contratar a la gente correcta y conseguir la licencia. Si la gente ayudase a financiar un restaurante para conseguir la licencia para servir bebidas alcohólicas, se llevarían una porción de los beneficios obtenidos por la venta de dichas bebidas alcohólicas.

En mi ciudad no tenemos normas tan estrictas para conseguir una licencia para servir bebidas alcohólicas, y prácticamente todos los restaurantes pueden servir alcohol si quieren. Me di cuenta de que no había lugar para este tipo de oportunidad de inversión en mi ciudad, pero también sabía que no me haría ningún daño preguntar por ahí. Lo que descubrí fue que bastantes restaurantes y tiendas estaban buscando inversores, y que están extremamente interesados porque éste es un tipo de inversión en efectivo que funciona al margen de los bancos. Los préstamos para empresas que yo descubrí tendían a estar en una escala de entre mil y diez mil dólares, lo que convertía a alguno de ellos en inversiones bastante grandes. Decidí invertir en dos negocios: uno era una tienda local de artículos deportivos y el otro un restaurante. Invertí mil dólares en la tienda de artículos deportivos y dos mil en el restaurante.

Con mi dinero, ambos negocios fueron capaces de expandirse. Vale la pena destacar que los dueños de estos locales también habían invertido bastante, pero usaron mi inversión para complementar los costes de hacer mejoras en los locales. En la tienda de artículos deportivos, utilizaron el dinero simplemente para adelantar el pago de nuevos artículos deportivos de esgrima. Pensé que esto era extraño hasta que descubrí que el instituto local acababa de crear un equipo de esgrima – el problema era que no había ningún sitio para comprar el equipamiento. No estoy seguro del coste total del equipamiento comprado por el negocio, pero sé que fue mayor que los mil dólares que les presté. Durante los siguientes tres meses, gané 220$ con esta inversión, más la inversión inicial que me fue devuelta. Un veintidós por ciento de interés sobre una inversión de mil dólares a tres meses si ninguna supervisión no está nada mal, pero las limitaciones de llevar a cabo esta inversión provinieron del hecho de que yo tuve que contactar con el negocio. Nunca habría encontrado esta oportunidad si no hubiera salido a preguntar por ahí en mi ciudad y descubierto que este negocio necesitaba inversores. Creo que ésta es la razón por la que me encontré en esta situación, ya que esta inversión parecía una idea tan buena que no me puedo creer que otros no hubiesen contactado con el dueño para la inversión. La verdad es que el dueño nunca pidió una inversión a nadie porque nunca pensaron que alguien estaría dispuesto a ayudarles; imaginaron que tendrían que ir a un banco. En esta situación, todo el mundo gana y, si alguna vez tengo hijos, se que conseguiremos un buen precio en equipamiento deportivo en una tienda en la que estuve encantado de invertir.

La segunda inversión en el restaurante resultó ser un negocio incluso mejor. Ésta fue una inversión en la que yo también estaba perplejo sobre por qué el dueño del restaurante no había sido capaz de recaudar el dinero de otros clientes. Exactamente como en el caso de la tienda de artículos deportivos, el dueño del restaurante también pensó que era inapropiado buscar inversión procedente de patrocinadores. Cuando fui a preguntarle si aceptaría mi inversión económica, siempre que me dijera exactamente para qué la iba a usar, estaba simplemente sorprendido. Me dijo que el restaurante utilizaría el dinero para construir una terraza en la parte de atrás para poder tener más mesas, aumentando la cantidad de dinero que podían ganar por hora, y también haciendo que el restaurante fuera más apetecible al tener asientos exteriores. Me convenció y durante los siguientes seis meses recuperé mi dinero más 450$ adicionales en intereses, o un 22.5% de interés en una inversión a seis meses. De nuevo, es difícil ver este tipo de rentabilidades en muchos mercados. Además, creo que mi cuenta es a menudo menor de lo que debería cuando voy a cenar a ese restaurante; el dueño normalmente me regala una bebida adicional o me resta el coste de un acompañamiento. No sé cuál es el valor total en efectivo de esta inversión, pero el punto es que me devolvió un 22,5% de intereses en seis meses, además de las ventajas adicionales.

Te recomiendo encarecidamente que tomes esta senda si tienes al menos mil dólares para invertir en un proyecto empresarial. En los dos locales en los que invertí, entré con inversiones transparentes y sabía para que se utilizarían. Yo no soy un experto en artículos deportivos, ni he sido nunca el dueño de un restaurante, pero incluso para la gente más razonable estaba muy claro lo que estos propietarios intentaban hacer: simplemente expandir su negocio. Para empezar con este tipo de inversiones poco convencionales, contacta con negocios locales en tu área. Es tan simple como preguntar si están abiertos a la inversión. Estoy seguro de que encontrarás propietarios de negocios que se sientan confusos con tu oferta pero, si dejas claro lo que estás ofreciendo, apoyo para mejorar su negocio a cambio de intereses y la rentabilidad de tu inversión, deberías ser capaz de encontrar uno o dos negocios que estén interesados en tu apoyo.

Capítulo 3: Invierte como los profesionales

El Inversor Profesional

El inversor profesional no supervisa sus inversiones cada día. De hecho, ellos supervisan sus inversiones una vez al trimestre o al semestre. Esto es porque el inversor profesional ha realizado inversiones que son lentas y constantes, que pagan intereses en intervalos regulares y lo suficientemente seguras para que el inversor no tenga que preocuparse por sacar su dinero en el momento justo. Muchas de estas inversiones son a muy grande escala, de las que los ricos pueden vivir con sólo un tres por ciento anual. Para comprender esta idea, fíjate en el funcionamiento de un fondo fiduciario, ya que se trata de un emblema del inversor profesional.

Un fondo fiduciario es una reserva de dinero gestionada por inversores profesionales para conseguir intereses constantes en inversiones seguras. Un fondo fiduciario no intenta maximizar el rendimiento, ya que ésta no es la forma en la que un inversor profesional piensa. En su lugar, ellos actúan para intentar maximizar los fondos dentro de un cierto nivel de riesgo. Mientras puedan generar un rendimiento constante, ése el aspecto más importante. Lo que les permite ser tan conservadores con sus inversiones es la cantidad de dinero con la que trabajan, y las reglas para la distribución del mismo. Un fondo fiduciario funciona de tal forma que mantenga una gran cantidad de dinero en un fondo para inversiones, y sólo distribuye los intereses acumulados entre los miembros. Hay excepciones y los fondos se pueden configurar de muchas formas diferentes, pero si ves que un fondo lleva existiendo durante cien años, para becas por ejemplo, se trata de un fondo que sólo financia a sus miembros con intereses. Si te fijas en la fundación de una universidad, puedes ver cómo un rendimiento de un uno por ciento sobre mil millones de dólares se convierte en algo bastante significativo. Un uno por ciento de mil millones de dólares son diez millones de dólares, una cifra nada insignificante. Reproducir estos tipos de inversiones a una escala ajustada a nuestro nivel de inversión es un poco más complicado, pero eso no significa que los fondos y las inversiones seguras no estén disponibles para nosotros.

Podemos de hecho llevar a cabo el mismo tipo de inversiones que los muy ricos, y recomiendo encarecidamente que tengas en cuenta al menos una de las siguientes oportunidades de inversión. Éstas son inversiones a las que necesitarás continuar aportando dinero y, por cada dólar que añadas, ganarás más y más intereses. Aunque nunca llegues a un capital de mil millones de dólares, cuanto más aportes, mayor será tu rendimiento. En mi propio caso, aquí es donde van todos los rendimientos de mis inversiones. Cojo el dinero que gano con otras inversiones y lo divido entre dos de los siguientes tres fondos (verás por qué no participo en sólo un fondo). A medida que cada fondo crece, también lo hace mi rendimiento más adelante. Lo bueno de estas inversiones además del hecho de que sean muy seguras, es que también son muy favorables en cuestión de impuestos. Estas inversiones a largo plazo se tributan a una tasa bastante más favorable que aquéllas a corto plazo, algo que será aclarado en el próximo capítulo.

Imitando sus inversiones

Fondos Mutuos Indexados
Hace unos años, Warren Buffett hizo una apuesta contra los administradores de un gran fondo de inversión libre. El fondo de inversión libre se especializaba en realizar inversiones para sus clientes, y ver como éstas crecían. Warren Buffetttenía una idea diferente: que no importa cuán talentoso sea el inversor, nunca podría ganar tanto dinero en el mercado de la bolsa de valores como si apostara por un fondo mutuo indexado. La apuesta se realizó sobre un periodo de diez años, y el premio era un millón de dólares. El premio económico era principalmente simbólico, ya que todas las partes involucradas tenían decenas de millones, o incluso miles de

millones como el propio Buffett. Sin embargo, la apuesta simbolizó una idea importante: ¿podrían los inversores vencer al mercado en su conjunto?

La base de esta apuesta era que los fondos mutuos indexados son en general una inversión más segura que intentar vencer a la media del mercado. Un fondo mutuo indexado funciona de la siguiente manera: el dinero en el fondo crece proporcionalmente dependiendo de cómo una bolsa de valores entera está yendo. Por ejemplo, apuesta por un fondo mutuo indexado que trabaja con la bolsa de valores de Nueva York, y mientras la bolsa esté yendo bien en su conjunto, el fondo crecerá. Hubo poco debate sobre si el fondo se revalorizaría o no pero, ¿superaría el fondo el ritmo de uno de los fondos de inversión libre más competitivos del mundo? Asombrosamente, la respuesta fue que sí, un fondo mutuo indexado podía realmente vencer a los inversores más inteligentes del mundo. Al apostar por ciertas empresas y dejar fuera a otras, los inversores habían cometido un grave error por tratar de vencer al mercado en su conjunto. Esta apuesta prueba que no importa lo inteligente o talentoso que seas, un fondo mutuo indexado siempre vencerá a las apuestas que llevas a cabo. Además, un fondo mutuo indexado no requiere ningún esfuerzo de supervisión. Simplemente entregas tu dinero y observas cómo se revaloriza; no tienes que desplazarte de una inversión a otra, y no tienes que llevar a cabo elecciones sobre qué empresas piensas que rendirán más que la media del mercado.

Para inversores a pequeña escala, los fondos mutuos indexados sí tienen algunos inconvenientes. Cuando inviertes en un fondo mutuo indexado, no deberías esperar empezar a ver beneficios durante alrededor de cuatro o cinco años. Éste es típicamente el tiempo que querrás mantener tu dinero invertido. Puedes cobrar intereses en periodos regulares pero, en general, será mejor mantener ese dinero en el fondo para que éste pueda crecer a un ritmo mayor. Yo sugiero esta senda para cualquier inversor al que le va bien realizar una inversión a cinco años. Para maximizar realmente tus ingresos potenciales en un fondo mutuo indexado, es mejor invertir cuanto más dinero posible. Ésta es una de las inversiones más seguras que puedes llevar a cabo no obstante, y dejar tu dinero en un fondo durante cinco años tiene un riesgo extremadamente reducido.

Hay dos riesgos principales en los fondos mutuos indexados, pero incluso uno de ellos puede seguir resultando en grandes beneficios para un inversor. Las dos preocupaciones son o bien que se produzca una quiebra en el mercado de la bolsa de valores de la que no se pueda recuperar, o que dicho mercado de la bolsa de valores forme parte de una recesión global en la que la inflación aumente a mayor ritmo que el fondo mutuo indexado. El primer supuesto de la catástrofe global es muy improbable, y el Gobierno ha mostrado que hará todo lo que esté en su poder para evitar un colapso completo del sistema financiero global. Esencialmente, si este futuro se acaba produciendo, tendrás bastantes más cosas de las que preocuparte que simplemente tu fondo de inversión. Una quiebra a gran escala que destruyera un fondo mutuo indexado, se llevaría probablemente una porción considerable de la economía estadounidense consigo, haciendo que ninguna inversión sea realmente segura. Y en lo que se refiere al segundo supuesto de la recesión económica, se trata de una preocupación bastante menor. En la apuesta que Buffett realizó con los administradores de los fondos de inversión libre, todavía salió victorioso a pesar de la gran recesión de finales de la década pasada. Lo que esto significa para un inversor común es que podría perder dinero tras cinco años pero, al transcurrir diez, lo habrá recuperado y conseguido beneficios adicionales. Esencialmente, aunque es posible que un fondo mutuo indexado pueda decaer en un cierto intervalo de tiempo, no se mantendrá bajo en el largo plazo. Esto significa que si descubres que tu fondo ha decrecido, puedes simplemente mantener tu dinero en el fondo durante más tiempo, hasta que se revalorice por encima del nivel inicial y empieces a generar beneficios reales de nuevo. Entonces, el inconveniente real es que tu dinero será inaccesible durante un periodo de tiempo más largo. Recomendaría este método de inversión a cualquiera con un fondo de inversión de un tamaño decente, y le avisaría de que debería contar con no tocar el dinero como mínimo durante cinco años, y que el peor de los casos significaría que el dinero será inaccesible durante diez años. En cualquier caso, cuando retires el dinero ganarás un porcentaje de beneficios mayor que el de cualquier fondo de inversión libre. Siempre puedes recaudar los intereses acumulados como dinero en efectivo inmediato, pero esto podría ser mejor hacerlo después de darle al fondo unos cuantos años para crecer.

Fondos de inversión o fondos mutuos

Después de los fondos mutuos indexados,

recomendaría los fondos mutuos como tu siguiente opción. Un fondo mutuo es una organización que recoge el dinero de los inversores y lo coloca en paquetes de acciones que se consideran inversiones seguras. Leíste en el capítulo dos que hay acciones que pagan dividendos para atraer inversores y mantenerles en la inversión. Éstos son los tipos de acciones en los que los fondos mutuos invierten: acciones que pagan en intervalos de tiempo regulares y que no son muy volátiles. Un fondo mutuo también puede diversificar inversiones fuera de las acciones, e involucrarse en bonos del tesoro e incluso en opciones sobre acciones. Harán lo que sea necesario para proporcionar beneficios constantes a sus inversores.

Lo bueno de los fondos mutuos es que, aunque puede que no produzcan tantos intereses en el largo plazo como los fondos mutuos indexados, son esenciales para ganar dinero rápido en efectivo. Un fondo mutuo informará a todos sus inversores en periodos regulares de tiempo sobre cómo están yendo sus cuentas, y puedes sacar cualquier cantidad del fondo mutuo en cualquier momento sin sufrir ningúnrecargo, a parte del hecho de convertirse en ingresos sujetos a impuestos para ese año.

Cuando empecé a invertir, los fondos mutuos jugaron un papel crucial para obtener dinero en efectivo desde el principio. Creé un fondo mutuo T. Rowe Price con sólo 3.000$, y en el curso de un año estaba ganando unos 200$ en beneficios. Cobraba este interés y dejaba el capital inicial en el fondo mutuo. Obviamente, dejar el dinero en el fondo mutuo habría sido más beneficioso en el largo plazo, pero no era de lo que se trataba, se trataba de ser capaz de cobrar dinero en efectivo inmediato con la inversión.

Te recomendaría involucrarte en un fondo mutuo, y empezar una cuenta con alrededor de mil dólares. Desde mi propia experiencia, yo recomendaría T. Rowe Price. Ofrecen una variedad de fondos mutuos diferentes con diferentes niveles de riesgo previsto, lo que significa que puedes buscar grandes beneficios rápidamente con alto riesgo, o mantener una posición más estable con beneficios más bajos. En mi propio caso, elegí el camino del medio con un fondo relativamente seguro, pero que tenía una tasa de rendimiento prevista bastante decente. Puedes encontrar el fondo mutuo apropiado para ti, con unos beneficios previstos lo más favorables posible según el riesgo que estás dispuesto a tomar. Sugiero que tomes esta senda si quieres ingresos inmediatos, y que utilices un fondo mutuo indexado si quieres invertir durante un periodo de tiempo mayor.

Fondo de Ahorro Universitario 529

Una cuenta 529 es un tipo particular de fondo de inversión. Sólo se puede utilizar para los gastos de la educación universitaria, está autorizado por el InternalRevenueService (Hacienda en Estados Unidos), y lo gestionan los estados y el distrito de Columbia. He decidido incluir el plan de ahorros 529 porque una gran parte de invertir es planificar para el futuro y reducir parte de las preocupaciones acerca de mantener a tu familia. La educación universitaria se ha convertido en una necesidad en los mercados de trabajo modernos, y un plan de ahorros universitario te ayudará en gran medida a pagar esta carga.

Hay dos tipos de planes 529, y tu estado te ofrecerá ambos planes o uno de los dos. Existen los planes de prepago y los planes de ahorro universitario estándar. Más estados ofrecen el plan de ahorro actualmente, y éste es probablemente el tipo de inversión que usarás si creas un 529. La diferencia entre estos dos planes es que con la cuenta de prepago puedes empezar a pagar por una universidad en particular ahora mismo, al coste de la misma en 2017. Estos pagos normalmente funcionan de forma que pagas por cada hora de créditos, y generalmente sólo valen para instituciones estatales. Por ejemplo, puedes empezar a pagar las horas de créditos que tu hijo piensa utilizar en el futuro en una variedad de instituciones estatales. Entonces, puedes decidir que vayan a cualquier institución estatal de tu elección, y estos pagos se transferirán. Si tu hijo no va a una universidad estatal, o bien pierdes la inversión o sufres recargos severos por sacar el dinero del plan. También merece la pena destacar que en casi todas las instituciones, el plan de prepago sólo se puede utilizar para créditos universitariosy no para alojamiento, comida y otros gastos.

El plan de ahorros estándar es más abierto en lo que se refiere a para qué puedes utilizar tu dinero, pero no reduce los costes de forma tan drástica. Este dinero se puede utilizar en una universidad estatal o en una institución privada, y el dinero aportado a la cuenta recibirá una gran reducción fiscal cuando tu hijo está preparado para ir a la universidad. Si finalmente no tienes ningún hijo que vaya a la universidad, puedes recuperar el dinero pero con un fuerte recargo. La dureza de este recargo varía dependiendo del estado. Este fondo también se puede utilizar para financiar tu propia educación, y no tiene por que ser usado para la universidad. Puede ser utilizado en una escuela de comercio, por ejemplo, o en un programa de formación laboral.

El plan 529 tiene un tipo particular de recompensa: la educación de tus hijos. Los costes crecientes son preocupantes, sin embargo, y puedes contar con que las matrículas universitarias crezcan, ya que un título universitario se convierte más y más en un requisito para conseguir un buen trabajo. Investiga cómo funciona el plan 529 en tu estado y empieza una cuenta si sabes que tendrás hijos que irán a la universidad. Para la educación universitaria específicamente, éste es el mejor fondo que puedes crear por tu propia cuenta. El dinero en un fondo 529 se revaloriza rápidamente, y las reducciones fiscales sobre esta cuenta de ahorros son algunas de las más generosas que el Gobierno ofrece. Éste es un fondo que prácticamente todos los estadounidenses ricos utilizan para enviar a sus hijos a la universidad; no hay ninguna razón por la que tú no deberías usarlo también.

Capítulo 4: Tu parte del trato

Impuestos

En la vida, las dos únicas certezas son la muerte y los impuestos. Tendrás de hecho que pagar impuestos por tus inversiones, pero la forma en la que las inversiones son sujetas a impuestos es en realidad bastante diferente de la de tus ingresos estándar. Dependiendo de cuánto ganes, del estado en el que vivas y de si eres o no un empresario, tu obligación fiscal actual va a variar bastante. Podrías recibir el crédito por ingresos del trabajo, o podrías tener que pagar los impuestos tu mismo si eres un empresario. Con tus inversiones, deberías empezar a prestar el doble de atención a los impuestos porque están a punto de cambiar.

Para los principiantes, hay una regla general sobre cómo funcionan los impuestos sobre inversiones en los Estados Unidos. Si mantienes una inversión durante un año o más, tu carga de impuestos disminuye significativamente. Esto funciona a través de un sistema llamado impuesto sobre ganancias de capital, que tiene dos variantes para ganancias de capital a corto y largo plazo. El sistema ha cambiado a lo largo de los años, e incluso mientras lees este libro se producen conversaciones en la capital acerca de ajustar la tasa impositiva de nuevo. La forma en que funciona actualmente es que cualquier inversión en la que retiras beneficios en menos de un año se añade a tu base imponible o ingresos gravables. Así que, por ejemplo, si ganas 40.000$ al año, y otros 5.000$ en el mercado de la bolsa de valores y los cobras dentro del plazo de un año, tu base imponible total se convierte en 45.000$. Esto afectará en mayor medida a aquéllos con altos ingresos frente a aquéllos con bajos ingresos, pero si ganas 25.000$ al año y cobras 5.000$ del mercado de la bolsa de valores, puedes contar con que ya no cumplirás los requisitos para ciertos programas de asistencia del Gobierno. Esto es algo que tienes que tener en cuenta al cobrar tus inversiones.

Afortunadamente, existe el impuesto

sobre ganancias de capital a largo plazo, por el que los beneficios sobre inversiones están gravados a un máximo de un 20%, y esto es sólo para aquéllos en los escalones más altos de las categorías impositivas. Para la mayoría de los lectores de este libro, la carga es más probable que esté entre 0 y 15%. Si tu categoría impositiva está en la de 0 a 15%, los impuestos sobre ganancias de capital a largo plazo son de cero dólares. Por ejemplo, si ganas 25.000$ al año, puedes contar con que los impuestos sobre unos beneficios de 5.000$ por venta de acciones serán del 0%. Éste es un factor que marca una enorme diferencia en tu carga fiscal, y siempre tiene sentido mantener las inversiones sin tocar durante un año entero para evitar la carga fiscal de ganancias de capital a corto plazo. Además de ser gravados al 0% para la mayoría de los estadounidenses, también reduce su categoría de ingresos en comparación a haber cobrado los beneficios durante el primer año. El hecho de que tus impuestos globales aumentarían y de que podrías perder alguna asistencia del Gobierno es muy importante, haciendo que el impuesto por ganancias de capital a largo plazo sea todavía más atractivo.

Además de mantener tus inversiones durante un año o más, también tendrás que considerar tus posibles deducciones sobre las mismas. Por ejemplo, si una o varias de tus inversiones resulta no ser rentable, puedes entonces acarrear ese impuesto para aumentar tu límite de deducciones máximas. Esto se lleva a cabo mejor con un contable, pero la idea básica es que hasta que tus inversiones sean rentables, cualquier pérdida, realizada o no, se convierte en deducciones que puedes aplicar en tus impuestos. Puedes acarrear estas deducciones durante varios años también, así que incluso si tus otras inversiones te producen beneficios pero una no lo hace, la inversión negativa será acarreada como deducciones en tus declaraciones de la renta mientras no se convierta en rentable.

En el capítulo dos descubriste algunas inversiones poco convencionales. Estas inversiones eran bastante más cordiales y grandes instituciones no estaban involucradas. Recuerda que éstas siguen siendo inversiones que necesitas declarar en tu declaración de la renta, incluyendo las inversiones en negocios locales. La razón por la que menciono esto es que las declaraciones de la renta deben ser coherentes. Por ejemplo, si descubres que uno de tus socios de inversión en un fondo inmobiliario no va a declarar sus ingresos, necesitas que se comprometa a pagar la cantidad correcta de impuestos, de lo contrario tú y tu socio os expondréis a una auditoría. Ocurre exactamente lo mismo al invertir en un restaurante o negocio local: asegúrate de que hay coherencia en las declaraciones de la renta y de que todas las partes involucradas en la inversión están declarando sus impuestos de forma precisa.

Requisitos de tiempo

La cantidad de tiempo que tienes que dedicar a invertir no es mucha y, dependiendo de las inversiones que realices, podrás ver que apenas estás supervisando tus inversiones. Si decides utilizar las estrategias del capítulo dos, digamos por ejemplo las inversiones convencionales, puedes contar con que habrá algo de trabajo inicial para encontrar las inversiones apropiadas, pero tus inversiones crecerán naturalmente después de tus esfuerzos iniciales. Por ejemplo, si te quieres involucrar en acciones para dividendos, simplemente tienes que investigar qué acciones están pagando dividendos y con qué frecuencia, y quizás supervisar tu inversión una vez al mes, asegurándote de que no se está devaluando.

Las inversiones poco convencionales del capítulo dos requieren más esfuerzo pero, en su mayoría, se trata de inversiones basadas en llevar a cabo contacto personal con otras personas. Ya sea que ese contacto se trate de organizar un fondo inmobiliario, o simplemente de involucrarse en un negocio local, tu inversión requerirá más supervisión, pero dependiendo del grado de confianza en tus socios de inversión. Incluso al invertir en un negocio local, en el que tu socio es en este caso el dueño del mismo, y basado en tu nivel de confianza, necesitarás supervisar cómo va el negocio a menudo. Si no conoces al dueño muy bien, te vendrá bien crear una relación para poder supervisar tu inversión frecuentemente y con facilidad.

¿Por dónde empezar?

El capítulo dos ofrece las mejores estrategias para inversores que están empezando. Son métodos que puedes utilizar para generar beneficios relativamente rápidos y tienen un coste inicial razonablemente bajo. Creo de verdad que no importa dónde empieces, sino que lo que va a determinar tu posición inicial es el capital con el que comienzas. Incluso las estrategias más avanzadas del capítulo tres pueden ser beneficiosas inmediatamente. Muévete dentro del marco de la inversión inicial que tengas, y te irá bien. Date cuenta de que todas las inversiones en este libro son relativamente seguras y no requieren mucha supervisión activa. Puedes simplemente invertir, relajarte y cobrar tus beneficios.

Capítulo 5: La Mentalidad del Inversor de Valor

El Investor de Valor: Warren Buffett

Warren Buffett es una de las personas más ricas del mundo y, sin embargo, lleva una vida muy modesta. Ha vivido en la misma casa durante décadas, no posee una flota de coches caros y no gasta su dinero en grandes artículos como yates; una compra de primera necesidad para los millonarios. Buffet defiende las acciones de valor, o acciones que valen más o menos de lo que aparentan. Ésta es una estrategia de inversión con implicaciones a largo plazo, y es una de las estrategias de mayor nivel para maximizar tus beneficios. También es una de las más difíciles de llevar a cabo, ya que requiere un conocimiento profundo de los mercados y de la mentalidad de otros inversores que buscan beneficios a corto plazo. Afortunadamente, a través de escuchar las palabras de Warren, podemos adoptar al menos algunos de los evidentes puntos fuertes de las inversiones de valor. La premisa básica detrás de las inversiones de valor es que estás invirtiendo en una empresa que vale más que su cotización actual. Por otro lado, también puedes vender de forma prematura cuando crees que la cotización de una empresa es demasiado alta. Warren se ha envuelto en ambas actividades, pero se le conoce más por encontrar empresas con probabilidad de aumentar de valor a lo largo del tiempo. Para entender cómo el mercado puede infravalorar o sobrevalorar empresas, simplemente tienes que fijarte en cómo el mercado reacciona a las noticias. Por ejemplo, cuando Dell anunció una serie de nuevos ordenadores en su línea de productos hace tres años, los inversores se subieron al carro de sus acciones. Lo vieron como una gran oportunidad para unirse a una inversión al alza. Inversores como Warren tenían más dudas sobre Dell. Ellos la veían como una empresa que había sacrificado valor a largo plazo por beneficios a corto plazo. Su línea de producto no era innovadora, sino que estaba ofreciendo más productos debido a la adaptación de básicamente el mismo viejo producto. Poco tiempo después de la concentración en las acciones de Dell, los inversores empezaron a darse cuenta de que se habían sobrevalorado y las acciones empezaron a caer. Un inversor podría haber ganado dinero con este cambio al vender las acciones de forma prematura – ésta es una estrategia de alto nivel y no la recomendaría a principiantes, pero la compraventa en bolsa por valor funciona a la inversa con la misma frecuencia.

Durante la Gran Recesión, muchas empresas fueron infravaloradas, e inversores como Buffett decidieron apostar contra el mercado y escoger estas acciones. Estas empresas incluyen General Motors, la cual paga ahora algunos de los mayores dividendos en cualquier bolsa de valores. Para el inversor principiante, aquí es donde te tienes que centrar: qué cotiza actualmente a un valor inferior del que debería. No es algo fácil de llevar a cabo, así que vamos a necesitar un poco de ayuda.

Siguiendo a Warren

Buffett apuesta en el hecho de que el valor intrínsecode una acción sea mayor que su cotización actual. Yo no soy capaz de identificar estas acciones muy bien, pero no lo necesito. Simplemente tengo que fijarme en los comentarios que Buffett publica regularmente e invertir en esos productos. Por ejemplo, la única razón por la que invertí en acciones de General Motors para conseguir dividendos se basó en el consejo de Warren Buffett. Sus reflexiones sobre el mercado de la bolsa de valores son información gratuita sobre dónde encontrar valor con tus inversiones. Identificar estas elecciones por tu cuenta requiere rebuscar a fondo en las finanzas de una empresa, y ver que están infravaloradas basándose en su lista actual de activos. Para inversores normales, esto requiere mucho tiempo, y es algo para lo que necesitas entrenamiento especial. Si simplemente sigues el consejo de inversores de valor, inversores con historiales demostrados como Buffett, puedes invertir como un inversor de bolsa profesional. Éstas son inversiones a un plazo mayor, incluso aquéllas que pagan dividendos varias veces al año, pero si tienes la capacidad de invertir en las acciones que Buffett recomienda, te sugiero que lo hagas. De momento, ha demostrado proporcionar consejos inestimables que sólo han visto crecer mis beneficios a lo largo de los años.

Conclusión

Gracias de nuevo por descargar "Invertir para principiantes: cómo invertir para el flujo de efectivo".

Ahora sabes las estrategias necesarias para generar grandes ingresos a través de inversiones a corto y largo plazo. Eres consciente de la carga fiscal, y de cómo los inversores profesionales ganan dinero en los mercados. Sabes que el compromiso temporal es bajo, y que todo lo que necesitas para empezar es comenzar a invertir. También eres consciente de las grandes ventajas de invertir, y de que deberías empezar lo antes posible. Incluso si ahora mismo ahorrar e invertir es difícil para ti, la recompensa es tan grande que empezar a invertir merece la pena tu tiempo.

Tu próximo paso es establecer tu fondo para inversiones y encontrar una inversión que cumpla con tus requisitos de generar intereses y que sea adecuada para la cantidad de dinero con la que empiezas. Mi principal sugerencia es empezar con acciones para dividendos y préstamos entre particulares. Los préstamos entre particulares empezarán a generarte intereses en los treinta primeros días, y las acciones por dividendos te proporcionarán pagos a lo largo de todo el año. Para una lista de excelentes acciones para dividendos, simplemente consulta las sugerencias de Warren Buffett, el inversor de valor en el que este libro basa sus ideales. Todas las inversiones que he realizado en el mercado de la bolsa de valores se basan en los consejos de Warren, y han demostrado ser enormemente rentables en los pocos años desde que empecé a invertir.

Por último, recuerda la carga fiscal y el coste de buscar beneficios inmediatos frente a mantener tus inversiones por un año o más. Éste es un asunto muy importante para aquéllos en los niveles más bajos de la escala de ingresos, y para aquéllos que tienen asistencia del Gobierno. Debes darte cuenta de que cualquier beneficio solicitado dentro del primer año de la inversión debe ser considerado como ingresos en tu declaración de la renta actual. Esto cambiará la cantidad de la base imponible o ingresos gravables y podría descalificarte para ciertos beneficios. Verifica siempre comprobándolo en Internet o con un contable profesional si tiene más sentido o no para ti solicitar el impuesto por ganancias de capital a corto plazo. Al principio, era mucho más razonable pagar la mayor penalización impositiva pero, según crecían mis finanzas, era evidente que el impuesto sobre ganancias de capital a largo plazo era mucho más beneficioso.

Finalmente, si te ha gustado este libro, apreciaría mucho que pudieras dejar tu opinión en Amazon. La mejor forma de que este libro llegue a las manos de más lectores es a través de opiniones veraces sobre el mismo. Escribe por favor lo que te ha gustado de este libro y qué podría mejorarse. Todos los comentarios son útiles para continuar satisfaciendo las necesidades de mislectores.

Parte 2

Introducción

Felicitaciones por descargar este libro y gracias por hacerlo.

Los siguientes capítulos le enseñarán todo lo que necesita saber sobre cómo hacer inversiones rentables:

El capítulo 1 trata sobre las bases de la inversión, para que usted tenga una noción concreta y buena comprensión del tema.

El capítulo 2 le enseña las diferentes formas de invertir su dinero. Aprenderá cómo invertir en criptomonedas, bienes raíces, acciones pequeñas, y blogs, entre otros.

El capítulo 3 revela las estrategias de inversión más potentes y eficaces que usted puede utilizar para aumentar significativamente sus posibilidades de obtener un beneficio. Independientemente del tipo de inversión que usted desea, estas estrategias le ayudarán a recolectar beneficios importantes.

El capítulo 4 establece las mejores prácticas de inversión que usted debe aprender. Estas prácticas son también observadas por inversores exitosos. Estas prácticas pueden aumentar aún más sus posibilidades de obtener éxito.

El capítulo 5 habla de los errores más comunes en el mundo de la inversión. Asegúrese de tomar nota de estas dificultades para evitar cometer los mismos errores.
Que este libro sea para usted una luz guía hacia el éxito, la felicidad, la prosperidad y la libertad financiera.

Hay una gran variedad de libros sobre este tema en el mercado, gracias de nuevo por elegir este! Se ha hecho todo el esfuerzo posible para asegurar que estuviera lleno de la mayor cantidad posible de información útil. ¡Por favor disfrútelo!

Capítulo 1: Introducción a la inversión

¿Qué es invertir?

Invertir es una manera de hacer que el dinero trabaje por usted. Normalmente, la gente pasa muchas horas trabajando solo para hacer algo de dinero. Cuando usted aprende a invertir, los roles se invierten: El dinero trabaja por usted. Esta es la manera ideal de ganar dinero, y es también la razón por la que muchas personas en la actualidad están ansiosos por aprender a hacer inversiones adecuadamente. Sin embargo, así como hay una posibilidad de que usted pueda obtener beneficios, también existe el riesgo de poder perder su inversión. Por lo tanto, es importante que usted aprenda las "reglas" de juego del mundo de la inversión, a fin de aumentar sus posibilidades de éxito.

A diferencia de mantener su dinero en el banco, donde gana una pequeña tasa de interés, usted puede ganar mucho más colocando su dinero en otro lugar. Bueno, la verdad es que guardar su dinero en un banco también es una inversión. Sin embargo, hay otras inversiones que usted puede hacer obteniendo una ganancia mucho mayor.

Invirtiendo es la forma en que la gente puede escapar del frenesí del mundo laboral competitivo, y las largas horas que se debe pasar en el trabajo. Si usted quiere incrementar su riqueza, entonces debe aprender a hacer inversiones exitosas. Desafortunadamente, muchas personas se apresuran a hacer inversiones sin entender lo que realmente es, y muchos terminan decepcionados.

Al momento en que termine de leer este libro, usted tendrá una idea de lo que es invertir. Este libro le otorgará el conocimiento que necesita para tener éxito.

¿Por qué debería invertir?

De acuerdo, ¿por qué debería invertir su

dinero? Si ya tiene ese dinero, ¿por qué arriesgarse a perderlo? Bien, hay dos cosas que pueden pasar cuando se hace una inversión: Puede perder su dinero, pero también puede ganar más dinero. Por supuesto que, como inversionista, su objetivo es obtener beneficios continuamente.

Realizar inversiones es la manera de ganar libertad financiera. Imagine ser capaz de multiplicar su dinero más de 500 veces, o incluso más de 5.000 veces su valor. Las posibilidades son infinitas. Por supuesto, esto dependerá de donde coloque su dinero, así como de la capacidad de tomar las decisiones de inversión correctas.

Por lo tanto, ya sea que usted quiera aumentar sus ingresos, o simplemente sueñe con alcanzar libertad financiera, entonces debe considerar la posibilidad de hacer inversiones.

Si se detiene a pensarlo, el dinero se mueve. El valor del dinero se incrementa con el paso del tiempo, pero sólo si usted sabe usarlo correctamente. No es de extrañar que hayan muchas empresas y negocios alrededor suyo. Y, si usted observa detenidamente, verá que todos estos negocios están regidos por la misma fuerza: el dinero. Cuando usted aprende a invertir eficaz y exitosamente, entonces sabrá cómo hacer al dinero trabajar para usted, en lugar de extenuarse durante largas horas sólo para ganarse el sustento diario. Esta vez, usted toma el control sobre el dinero, como debe ser.

¿Dónde puede invertir?

¿Dónde exactamente coloca usted su dinero? Existen muchas cosas en las que se puede invertir. La cuestión yace en ser capaz de identificar aquellas que le darán resultados positivos. No se preocupe, este libro le enseñará opciones rentables que usted puede tomar en consideración, tales como invertir en acciones pequeñas, criptomonedas, bienes raíces, y blogs, entre otros. Invertir consiste en colocar su dinero en algo y luego recuperarlo con un beneficio. En consecuencia, usted realmente no "gasta" su dinero cuando lo invierte.

Si uno se detiene a pensarlo, casi cualquier cosa puede convertirse en una inversión. Se trata de colocar el dinero en algo e incrementarlo. Gracias a la tecnología, ahora es muy fácil hacer inversiones con sólo unos pocos clics del ratón. Pero de nuevo, tenga en cuenta que hacer una inversión no es lo único que importa, sino ser capaz de hacer una inversión rentable. Esta es la parte complicada, ya que no siempre es fácil detectar una buena inversión. Sin mencionar que, incluso una inversión altamente rentable al día de hoy puede terminar como una mala inversión en el futuro. De hecho, hacer inversiones, específicamente buenas inversiones, requiere algo más que solo tener dinero. Más importante aún, es necesario tener las bases y habilidades adecuadas.

¿Cuánto debería usted invertir?

No existen reglas rígidas y fijas respecto a cuanto se debe invertir. Pero, se sugiere fervientemente que sólo se debe invertir el dinero que usted puede permitirse perder. A pesar de que invertir puede hacerle obtener una gran cantidad de beneficios, no debe ignorar la posibilidad de que una inversión pueda salir mal y terminar en pérdidas.

¿Es entonces una buena idea invertir una gran cantidad de dinero? Esto depende, pero dado que usted ganará un porcentaje de su inversión, entonces cuanto más invierta, más grande será su potencial beneficio. Por lo tanto, a mucha gente le gusta invertir grandes cantidades. Por ejemplo, si invierte $ 1,000, y obtiene beneficios en un 100%, entonces ganará $ 1,000. Si usted invirtió sólo $20, incluso si usted obtiene el mismo porcentaje de ganancia del 100%, entonces sólo habrá ganado $ 20. Sin embargo, hay inversiones que le permitirán obtener un beneficio de más del 100% de su inversión.

Como regla básica, vale la pena repetir que, sólo se debe invertir el dinero que usted entienda sensato gastar, que es el dinero que puede permitirse perder. Siéntase libre de invertir todo lo que desee, ya sea mucho o poco. No se preocupe, usted es libre de añadir más dinero a las inversiones tantas veces como desee. Si usted acaba de comenzar, especialmente si es su primera vez haciendo una inversión, entonces es aconsejable comenzar con sólo una pequeña cantidad.

Desterrando los mitos

Desafortunadamente, hay personas que tienen una visión o comprensión equivocada de lo que es hacer inversiones. Para darle una mejor idea de lo que realmente es hacer inversiones, vamos a romper los mitos al respecto uno a uno:

Se necesita tener un montón de dinero

para hacer una inversión

Si bien usted puede invertir una gran cantidad de dinero, y de hecho hay personas que gastan miles y millones de dólares en sus inversiones, usted es libre igualmente de hacer pequeñas inversiones. De hecho, puede invertir incluso $1 si así lo desea. Nuevamente, no existen reglas rígidas y fijas respecto a cuanto se debe invertir. Muchas personas empiezan con poco y luego paso a paso hacen su camino hacia la cima a medida que ganan más dinero. Pero, una cosa es clara: no se necesita mucho dinero antes de poder hacer una inversión. Más bien, usted puede ganar un montón de dinero haciendo inversiones rentables. De hecho, la mayoría de las personas hacen inversiones no porque ya tienen mucho dinero, sino porque quieren ganar dinero. Como se puede ver, la capacidad financiera no debe ser un obstáculo. En efecto, cuando usted hace una inversión es porque está dentro de sus posibilidades hacerla.

Es complicado

De acuerdo, tenga en cuenta que la única cosa que hace que invertir sea complicado es cuando uno no comprende lo que está haciendo. Por ejemplo, usted puede intentar invertir en criptomonedas pero luego, si no hace esfuerzo alguno para entender qué son las criptomonedas y cómo funcionan, puede volverse complicado. Sin embargo, esto no debería ocurrir. En efecto, si usted piensa y siente que algo es aún complicado de entender, entonces eso significa que todavía no debe hacer inversión alguna. Sólo se debe invertir en algo que se comprende. De esta manera podrá aumentar sus posibilidades de hacer la decisión de inversión correcta.

Es una manera fácil y rápida de hacerse rico

Lamentablemente, la gente siempre quiere optar por el camino fácil, pero tal cosa no existe a menos que tenga mucha suerte. Los inversionistas profesionales vigilan muy de cerca sus inversiones, y dedican horas a la investigación y al análisis para identificar la mejor oportunidad de inversión posible. Como un verdadero inversor profesional, usted no sólo coloca su dinero en algo y espera obtener algunos beneficios. Los inversores profesionales no confían en la suerte. Ellos dedican tiempo y esfuerzo para asegurarse de realizar las inversiones adecuadas. Si usted no está dispuesto a dedicar tiempo y esfuerzo, entonces tal vez las inversiones no son para usted. Tenga en cuenta que se necesita trabajar duro para tener éxito. Aún así, es una de las mejores maneras de hacer dinero e incluso de alcanzar libertad financiera.

Es sólo para unos pocos elegidos
Hay quienes piensan que invertir es sólo para unos pocos elegidos, como si se debiera pertenecer a una clase especial de personas. No obstante, esto no es cierto. Cualquiera puede invertir, siempre y cuando sea mayor de edad. Hoy en día, con la ayuda de la tecnología, se pueden

hacer diversas inversiones con sólo unos pocos clics del ratón desde la comodidad de su hogar. Esta es una de las razones por la cual usted debe considerar seriamente realizar inversiones, ya que nunca antes invertir fue tan fácil como lo es ahora.

Invertir es un juego de azar.

¿Es esto un juego? Hay personas que perciben el invertir simplemente como otra forma de juego o apuestas. Al término "juego" se le ha dado una connotación bastante negativa, significando que sólo se confía en la suerte y que lo más probable es que al final uno pierda su apuesta. Entonces, ¿invertir es sólo otra forma de juego? Depende. Si usted solo confía en la suerte y no pone suficiente tiempo y esfuerzo en investigar y estudiar el mercado, entonces es sólo un juego. Pero, si usted examina y analiza el mercado con detenimiento, si recoge información importante y extrae su propio análisis de la situación; y si no confía en la suerte, sino que considera a cada inversión o negocio que haga como una decisión de inversión, entonces usted está invirtiendo y no apostando en un juego de azar. Si quiere hacer dinero a través de las inversiones, entonces este libro le sugiere que deje de hacer apuestas y confiar en la suerte para tener éxito. En su lugar, adopte la iniciativa de estudiar el mercado y así formular la mejor decisión de inversión.

¿Es para Usted?

¿Tiene usted lo necesario para ser un inversionista exitoso? La buena noticia es que el invertir es algo que se puede aprender y practicar. Al igual que cualquier otro oficio, mientras más se practica y se aprende, mejor se volverá en ello. Si usted es del tipo que está dispuesto a afrontar algunos riesgos y desafíos a cambio de la posibilidad de una buena ganancia, entonces las inversionesson para usted. Si está cansado de su trabajo de oficina y quiere generar más ingresos, entonces las inversionesson para usted. Si quiere alcanzar el camino hacia la libertad financiera, entonces las inversionesson definitivamente para usted. En pocas palabras, si quiere una vida mejor y mejor situación financiera, entonces usted debe sin duda aprender e invertir en algo. Sin embargo, la mejor manera de averiguar si este camino es para usted o no es dándole una oportunidad. Afinde no sentirse bajo presión, debería comenzar invirtiendo sólo una pequeña cantidad y observar cómo resulta. No se preocupe, siempre se puede añadir más dinero si así lo quiere. Entonces, ¿es para usted? Bueno, es hora de que lo averigüe.

Capítulo 2: Ganar Dinero

Ahora que usted desea intentar invertir, la siguiente pregunta es ¿dónde debería invertir? Simplemente haciendo una búsqueda en línea, usted puede encontrar muchos negocios y oportunidades para obtener buenos beneficios de inversión. Algunas veces las cosas pueden ser confusas y no sabrá dónde colocar su dinero. Exploremos algunas de las opciones disponibles. Usted es libre de invertir en una de las siguientes opciones, pero también puede hacer varias inversiones diferentes al mismo tiempo. Si lo desea, incluso puede invertir en todas ellas. Pero, si está apenas comenzando, es aconsejable tomar un enfoque conservador haciendo sus inversiones una a la vez. Una vez que se ha acostumbrado a una inversión en particular, puede seguir adelante y hacer un poco más. Lo importante es no dar por sentado ninguna inversión. Sin más preámbulos, veamos las inversiones mas destacadas que usted puede hacer:

Criptomonedas

En la actualidad, las criptomonedas están continuamente atrayendo mucha atención e interés. Si se está preguntando qué tan buenasson las criptomonedas como inversión, he aquí un ejemplo clásico de la vida real: Si usted hubiera invertido aunque sea $300 dolares en la criptomoneda bitcoin en 2010, se hubiera convertido en multimillonario al día de hoy. Esta es la razón por la que muchas personas están recurriendo a la criptomoneda como su inversión. Usted puede obtener hasta el 5.000% en beneficios e incluso más en un períodocorto de tiempo.

Antes de seguir adelante, vamos a hablar de qué son las criptomonedas. Las criptomonedas son un tipo de activo digital que funcionan como medio de intercambio. Por lo general funcionan como sustituto del dinero. Aunque son denominadas como "monedas", no se consideran de curso legal, lo que significa que no están reguladas por el Estado. Funcionan bajo una tecnología conocida como "blockchain". La tecnología blockchain es una especie de libro contable público y descentralizado en el cual se guarda un registro de todas las transacciones. Hoy en día, la criptomoneda número uno de todas es el bitcoin. Hasta el día 11 del mes de Abril de 2018,el precio de 1 bitcoin es igual a alrededor de $6.800 dolares. Esto es una caída masiva en el precio, ya que su valor solía estar alto a unos $20,000 dolares. ¿Significa esto que el bitcoin ya no es una buena inversión? Por supuesto que no. De hecho, sigue siendo la criptomoneda mas apreciada en el mercado. Los expertos en la materia incluso afirman que el precio del bitcoin aumentará muy probablemente en más del 400% en 2018. Por lo tanto, esta es una criptomoneda a la cual debería prestarle atención. También es importante tener en cuenta que se han creado más de mil criptomonedas diferentes.

Entonces, ¿cómo se invierte en

criptomonedas? Bueno, lo primero que tiene que hacer es crear una cartera o billetera de criptomonedas. Piense en la cartera como el lugar donde almacenará sus criptomonedas. Antes de que pueda comenzar a invertir, primero necesitará una cartera de criptomonedas. Ahora bien, hay diferentes tipos de carteras, pero se las puede resumir en dos tipos de billeteras criptográficas principales: la "hotwallet" y la "coldwallet".

La "hot wallet" es el tipo de cartera criptográficas que existe en línea. Como tal, es muy fácil y cómoda de usar. Por otro lado una "cold wallet", es el tipo de cartera criptográfica donde usted almacenan sus claves públicas y privadas estando fuera de línea. Esto hace que sea el tipo de cartera más seguro. Sin embargo, no es tan conveniente de usar como lo es una "hot wallet".

Si usted acaba de comenzar, es aconsejable que utilice la "hot wallet" exclusivamente, simplemente porque es más conveniente para su uso. Después de todo, las "hotwallets" ya han mejorado su seguridad en estos días. Utilice exclusivamente las "hot wallets" como Coinbase, que es una cartera de buena reputación. Coinbase y otros proveedores de carteras permiten ahora la compra bitcoins y otras criptomonedas dentro de la propia plataforma de su hot wallet, por lo que puede comprar con sólo unos pocos clics del ratón.

Otra opción disponible es abrir una cuenta con un corredor de criptomonedas como Bitfinex. Esta es una buena idea, especialmente si usted desea invertir en diferentes criptomonedas. Simplemente recuerde trabajar con un corredor en el que pueda confiar.

Antes de abrir una cartera criptográfica o una cuenta con un corredor, asegúrese de revisar las calificaciones o reseñas de estos proveedores. Esto es para asegurarse de que usted va a tratar con un corredor de confianza.

La clave para invertir en criptomonedas es la misma que en cualquier otra inversión: comprar cuando el precio está bajo y vender cuando lo está alto. Además, asegúrese de seguir las noticias para entender los últimos sucesos del mercado de las criptomonedas. Esto le permitirá tomar las decisiones de inversión correctas. También vale la pena señalar que las criptomonedas tienen alta volatilidad. Esto significa que su precio fluctúa significativamente en un período corto de tiempo. Cuando se trata de inversiones, las criptomonedas son probablemente el activo financiero más volátil del mercado. Esto es tanto algo bueno como una desventaja. Es una ventaja porque la alta volatilidad le permitirá obtener gran cantidad ganancias en un periodo corto de tiempo. No es de extrañarse que el precio de una criptomoneda aumente en más de un 20% en un solo día. Sin embargo, lo negativo de tener alta volatilidad es que el precio de una criptomoneda puede caer igual de rápido.

Acciones pequeñas

Antes de discutir cómo se puede invertir en "acciones pequeñas", primero se debe entender qué son realmente estas acciones. Contrariamente a su nombre, no todas estas acciones valen solo unos centavos. Podemos definir adecuadamente a las acciones pequeñas como aquellas acciones que valen menos de $5 dolares. En pocas palabras, todas las acciones que valen menos de $5 dolares son acciones pequeñas.

Al contrario de invertir en acciones de estabilidad reconocida (blue chip stocks*), las acciones pequeñas tienen alta volatilidad, pero menor que las criptomonedas. Ahora bien, se puede encontrar venta de acciones pequeñas en mercados conocidos como "Pink Sheets", pero es aconsejable evitarlos, ya que es arriesgado comprar cualquier cosa en este tipo de mercados. En vez de esto, lo que puede hacer es abrir una cuenta con un corredor en línea, al igual que cuando se invierte en criptomonedas. Se puede encontrar muchos corredores con sólo hacer una búsqueda en línea usando su navegador favorito. Alguno de los que podrían interesarle probar son Chares Swab, TradeKing, y Scottrade. Siéntase libre de probar otros corredores, pero asegúrese de revisar sus reseñas primero.

El desafío esperable al invertir en acciones pequeñas es que el mercado está lleno de empresas que están a punto de quebrar y de empresas que todavía son nuevas, lo que explica que los precios de estas acciones sean bajos. Tiene que evitar invertir en las acciones que son ofrecidas por empresas que apenas son capaces de sobrevivir y permanecer en el mercado. Asegúrese de investigar y estudiar los negocios involucrados y no comience simplemente comprando acciones pequeñas al azar. Un error común es hacer diferentes órdenes de compra de distintas compañías de acciones pequeñas sin hacer la investigación previa necesaria.

En vez de ver estas acciones simplemente como acciones pequeñas, debe pensar y enfocarse en la inversión y el negocio mismo. Debe entender que si el negocio va bien, entonces el precio de sus acciones también tiende a aumentar. Sin embargo, cuando el negocio está en baja, el precio de sus acciones tiende a bajar. Por lo tanto, cuando invierta en acciones pequeñas, preste mucha atención al negocio en cuestión y a su rendimiento en el mercado. Por supuesto, que esto también significa tener en cuenta los factores que pueden afectar a un negocio particular, como la economía, la tecnología, el nivel de competitividad y la aceptación del mercado, entre otros.

Blog

Otra inversión que podría considerar de interes es la inversión en un blog. Como ya sabréis, hay gente que obtiene sus ingreso a tiempo completo como blogger. Con todo el facil acceso a la informática y al internet, hay una gran demanda de bloggers allí afuera.

Entonces, ¿qué es un blog? Un blog es como un periódico o diario que se encuentra en línea y que se actualiza regularmente. Puede tratar sobre diferentes temas, pero por lo general se centra en una especialidad particular. Por ejemplo, si a usted le gusta viajar a distintos lugares y quiere publicar acerca de sus viajes, entonces puede crear un blog sobre viajes. Si quiere hablar acerca de la salud y el bien estar, entonces puedes escribir un blog sobre salud. Si quiere enseñar a la gente cómo hacer dinero, entonces puede crear un blog sobre negocios. Como puede verlo, no existe límite en cuanto al contenido de lo que se puede publicar en un blog.

Entonces, ¿cómo se hace dinero con los blogs? Existen diferentes maneras de hacer dinero cuando uno lleva adelante un blog. Una manera común de hacer dinero es mediante la publicación de anuncios en su blog. Los anuncios con mayor índice siempre han sido los de "Google Adsense", pero existen muchos otros programas de anuncios que puede probar. Al publicar anuncios en su blog, usted puede generar un ingreso pasivo en base al número de visitas y clics que su blog genera. Normalmente así es como los blogs hacen dinero.

Otra manera de hacer dinero desde su blog es vendiendo cosas. Existen muchos blogs que venden libros electrónicos. Como puede ver, también puede utilizar su blog para promover sus productos de comercialización de afiliados.

Sin embargo, a diferencia de otras formas de inversión, el blog requiere mucho esfuerzo de su parte. Un blog necesita ser actualizado regularmente. También es necesario establecer una buena base de seguidores. No puede esperar que su blog tenga éxito si no tiene suficientes seguidores. A diferencia de invertir en acciones pequeñas o en criptomonedas, es necesario conectar con la gente para crear un blog exitoso. Como ya se ha mencionado, se deben hacer actualizaciones periódicas en su blog y esto significa añadir contenido nuevo en forma regular.

Si está interesado en invertir en un blog pero no tiene interés en crear nuevo contenido en el blog en forma regular, lo que puede hacer es contratar a otra persona para que produzca el contenido por usted. Sin embargo, esto implicaría un gasto más elevado. Se puede encontrar a escritores independientes en los llamados "content mills" o fábricas de contenido, ellos crean el contenido a un bajo precio. Sin embargo, debe tener cuidado porque los escritores que aceptan honorarios bajos son por lo general los que no pueden crear contenido de alta calidad.

Si usted va a aventurarse en el mundo del "blogging", entonces debe aprovecharse de las redes sociales también. Las redes sociales como Facebook y Twitter pueden ayudarle efectivamente a promocionar su blog.

A pesar de que se puede ganar dinero con los blogs aún no estando personalmente interesado en la creación de nuevo contenido, se sugiere fervientemente que se debe invertir en un blog sólo si usted está personalmente interesado en compartir algo con el mundo. No olvide que también se debe considerar el nivel de competencia. Usted se enfrentará a otros bloggers que son apasionados de lo que escriben y comparten con el mundo. Y existen quienes ganan mucho dinero aunque solo blogueen con ese fin en mente. Sin embargo, no se puede negar que la mejor manera de llevar adelante un blog es estando activo y personalmente interesado en él. Por lo tanto, se aconseja que sólo se debe bloguear sobre algo que usted sabe muy bien.

Independientemente de si está vendiendo un producto en su blog, si genera ganancias a través de un enlace de afiliados o anuncios, usted puede hacer dinero desde su blog. No obstante, no hay que olvidar que bloguear requiere tiempo y esfuerzo. Lo más probable es que tenga que pasar meses trabajando en su blog antes de empezar a ver ingresos de dinero. Por lo tanto, si está buscando sólo una manera rápida de hacer dinero entonces esto no es para usted. Pero, si está dispuesto a invertir horas de tiempo y esfuerzo, entonces puede convertir el blogging en una mina de oro de ganancias.

Bienes raíces

Invertir en bienes raíces es probablemente la forma más cara de invertir dinero en la lista, pero también es bueno aprender sobre esto, especialmente si cuenta con suficiente dinero de sobra. Después de todo, es de conocimiento general que el precio de la tierra se aprecia en valor con el paso del tiempo. No es sorpresa, que el valor de la tierra aumente en más de un 100% al cabo de unos pocos años. Ahora bien, considerando lo costosos que pueden ser los bienes raíces, incluso un 50% de ganancia puede traducirse en ganancia de millones.

Otra manera de ganar dinero es a partir de la renta. Una vez que usted es dueño de un inmueble puede utilizarlo para ganar dinero de los pagos de alquiler. Sin embargo, no espere recuperar el precio de inversión de la propiedad solo con los pagos de alquileres, ya que esto le llevará mucho tiempo. Pero es una buena manera de generar un ingreso pasivo adicional.

Por supuesto, siempre se puede vender la propiedad y obtener un buen beneficio, sobre todo después de que se haya apreciado en su valor. A largo plazo, usted puede recuperar su inversión más algunos buenos beneficios de los alquileres. El precio del alquiler también puede aumentar a medida que aumenta el valor de la propiedad.

Cuando usted escoja invertir en una

propiedad, asegúrese de que está recibiendo la mejor oferta de precio a pagar. También, se debe considerar la ubicación de la propiedad.

Los bienes raíces son probablemente la opción más complicada de inversión en la lista, ya que requiere que usted observe varios requisitos legales, tales como tener que lidiar con contratos entre otros. Sin embargo, también es algo que ofrece un alto rendimiento.

Cuando invierta en bienes raíces, lo más probable es que tenga que gastar una cantidad sustancial de dinero, por lo que es importante tener cuidado con las decisiones. Asegúrese de que cada decisión que se toma esté respaldada con la cantidad suficiente de investigación y análisis, ya que esto puede ser una inversión costosa. No se preocupe, las inversiones de bienes raíces son en realidad simples una vez que usted se acostumbra a las formalidades legales. Si lo encuentra algo difícil, entonces simplemente puede contratar a un abogado o un agente de bienes raíces para que lo ayude con el proceso de los documentos, y para asegurar un flujo de transacciones sin problemas.

Opciones binarias

Si usted es aficionado a los juegos de azar en el casino, entonces podría gustarle aprender sobre las opciones binarias. Cuando usted comercia con opciones binarias, simplemente tiene que predecir si el precio de una determinada mercancía o activo aumentará o disminuirá en su fecha de caducidad. Puede ganar hasta el 90% o incluso el 95% en una sola apuesta. Como puede ver, esto es lo más similarque se puede obtener a las apuestas o juegos de azar.

Entonces, ¿cómo comenzar a comerciar con opciones binarias? Lo primero que usted necesita hacer es abrir una cuenta con un corredor de opciones binarias. Simplemente haciendo una rápida búsqueda en línea con su navegador favorito, usted puede encontrar muchos corredores de opciones binarias. Como de costumbre, se debe investigar y comprobar las últimas reseñas sobre los diferentes corredores para encontrar el que mejor se adapte a sus necesidades. No hay que olvidar que los equipos de administración pueden cambiar de vez en cuando, por lo que siempre se deben revisar las fechas, para asegurarse de que está leyendo las últimas críticas.

Una de las mejores características de las opciones binarias es que usted puede ganar una cantidad muy alta de beneficios en un periodo corto de tiempo. Usted puede elegir entre diferentes parámetros de tiempo. Hay opciones que duran un día o más, pero también están las que pueden terminar en 2 o incluso 1 minuto, o menor a eso aún. Sin embargo, el inconveniente aquí es que a pesar de que la rentabilidad puede ser grande y rápida, también puede perder su dinero con la misma rapidez si falla en predecir el movimiento de precios del activo en cuestión.

Aunque se diga que esto es lo más similar que hay a los juegos de azar o apuestas, no debe abordar el comercio de las opciones binarias como si fueran apuestas. En su lugar, usted debe poner suficiente esfuerzo y tiempo en estudiar el mercado. Esta es la forma en la que usted puede aumentar sus posibilidades de tomar la decisión de inversión correcta sin tener que depender de la suerte.

Si acaba de comenzar y es la primera vez que intercambia opciones binarias, es aconsejable que se mantenga alejado de opciones que son demasiado rápidas, tales como las que tienen uno o dos minutos de duración. Una duración de tiempo tan rápida como esa no es suficiente para manifestar la posición real o el comportamiento del precio de un activo en particular. Usted podría utilizar parámetros de tiempo que sean al menos de 30 minutos de duración. Sin embargo, si realmente quiere participar en un intercambio rápido de opciones binarias, entonces debe aprender sobre análisis técnico. No se preocupe, esto será tratado en detalle en el capítulo siguiente.

Cabe señalar que el comercio de opciones binarias es muy arriesgado, por lo que es necesario guardar mucho cuidado. Asegúrese de respaldar cada una de las opciones que usted toma con investigación y análisis suficientes. Esto es importante, porque a pesar de que pueda obtener una gran cantidad de ganancias en un período corto de tiempo, también puede perder su dinero rápidamente. Esta es la razón por la que usted debería ser precavido con cada decisión de inversión que tome.

Afiliados comerciales

¿Por qué hay gente entrando en el marketing de afiliados? Es realmente así de simple como se piensa que es, como una fuente de ingresos pasivos? ¿Qué es exactamente el marketing de afiliados?

El marketing de afiliados se basa en el reparto de ingresos. Funciona tanto si uno quiere vender un producto o si quiere promocionar un producto que se piensa tiene un buen valor. Si usted es el vendedor afiliado, ganará una comisión de los ingresos de otros negocios. Usted encuentra un producto o un servicio que le resulta atractivo y hace una oferta para promoverlos a la gente adecuada. Entonces, puede ganar un porcentaje de ganancias para cada venta que haga. Antes de decidir si el marketing de afiliados es para usted, aquí hay algunos conceptos básicos que necesita saber.

Los 4 protagonistas fundamentales en esta industria

El Comerciante

El comerciante es el minorista, vendedor, y a veces también puede ser el propio fabricante. Él tiene el producto que usted quiere ayudar a vender. El negocio podría ser una pequeña empresa en crecimiento o una empresa ya consolidada como Vitamix, un fabricante de licuadoras de alto rendimiento.

El Afiliado

El afiliado también es conocido como el publicista. Él es el que hace anuncios y diferentes promociones para comercializar el producto. Los afiliados pueden ir desde un solo individuo a grandes empresas que pueden promover más de un producto afiliado.

La Red de Afiliados

Usted podría hablar directamente con el comerciante y discutir convertirse en su afiliado, pero a veces es necesario pasar primero por una red de afiliados. La red de afiliados es el intermediario entre el comerciante y el afiliado. Éste tiene las listas de la variedad de productos que usted puede elegir para promover, y también se encarga del pago. A través de una red de afiliados, existe más seguridad para los comerciantes y afiliados. Algunos ejemplos de redes de afiliados son ClickBank y Commission Junction.

Los Clientes

Los clientes son aquellos a quienes los afiliados intentan atraer y convencer de comprar los productos. Ellos son la fuerza impulsora, por lo que usted necesita que ellos sean exitosos en el marketing de afiliados. Cuantos más clientes tenga, más beneficios podrá obtener. Sin ellos, no habrá ventas ni comisiones para los afiliados. Por lo tanto, es necesario tener un buen plan para atraer a más y más clientes a su programa de marketing de afiliados, enlaces, y otros.

¿Comerciante vs. Afiliado?

Si usted decide entrar en un programa de afiliados, y suponiendo que no desea asumir la complejidad de convertirse en la red en sí misma como lo es ClickBank, puede ser el comerciante o el afiliado.

Si usted es el comerciante, es quien está

dando incentivos a sus promotores. Aquí están los pasos para convertirse en uno:

1. Piense en el producto que desea vender

Primero, debe tener una idea de qué tipo de producto desea vender. Debe observar a su alrededor o realizar una búsqueda en internet para ver qué productos o servicios son tendencia. Puede inspirarse en ellos y desarrollar sus propias ideas. También es importante tener en cuenta las cosas por las que usted siente pasión o en las que está involucrado. Como por ejemplo, si usted está en una dieta cetogénica y cuenta con conocimiento en su cocina, puede hacer una lista de alimentos cetogénicos a colocar a la venta.

2. Crear su producto

Haga que sus ideas se hagan realidad. Usted necesita crear su producto y dado que esto involucra una gran cantidad de dinero, es preferible empezar a pequeña escala. No haga grandes lotes de sus productos de inmediato. Puede crear productos de muestra primero. Por ejemplo, hornee un pequeño lote de galletas de almendras cetogénicas.

Además, asegúrese de que el nombre de marca y embalaje sean pegadizos. La apariencia es muy importante para atraer a la gente. Sea muy creativo en ésto si desea que su producto se venda.

3. Testee su mercado

La creacióndel producto puede ser fácil, pero es muy difícil saber si a la gente le gustará. Existe un gran riesgo cuando se trata de dinero. Por lo tanto, es necesario testear el mercado primero antes de invertir más dinero. Puede comenzar con su familia, amigos, compañeros de trabajo, y otros. Deje que ellos prueben el producto o trate de convencerlos de que lo compren. Pídales su opinión, si hay alguna mejora necesaria a realizar y si el producto es lo suficientemente bueno para tener un mercado. Si los comentarios son todos positivos, entonces puede seguir adelante.

4. Encontrar afiliados

Su producto está listo para ser vendido y necesita ayuda para promocionarlo. ¿Dónde encontrará a la gente adecuada para ayudarle? Aquí está cómo: En primer lugar, es necesario encontrar algunos sitios o blogs que tengan un contenido similar o relacionado con su producto. Puede hacer esto realizando una búsqueda en su navegador favorito sobre su producto y surgiránvariasopciones. Puede probar con Google y YouTube. Luego, sólo tiene que ponerse en contacto con los posibles promotores y hacerles ofertas para cooperar con usted. Simplemente busque en la página donde dice "Contáctenos" para enviar un mensaje al administrador del sitio.

Por otro lado, si usted tiene su propio blog y tiene un buen número de visitantes, puede optar por convertirse en un vendedor afiliado. Al igual que convertirse en comerciante, también hay maneras de convertirse en un afiliado exitoso. Estas son:

1. Elija un producto/s a reseñar

Haga comentarios o reseñas sobre los productos o servicios de su especialidad y reciba pagos por ello. Puede hablar públicamente sobre ellos en su blog y/o en su canal de youtube, o incluso en su página de Facebook o Instagram. Recibir pagos por hacer reseñas no sólo le ayudará ganar dinero, sino también le ayudará a tener más contenido en sus blogs, canales, etc. Por lo tanto, atraerá más visitantes hacia usted.

En primer lugar, elija productos o servicios relacionados a su especialidad que le gusta probar y si cree que son buenos, póngase en contacto con los comerciantes. Puede enviar un correo electrónico a los comerciantes. Preséntese y hable de lo que usted hace. Hable acerca de cómo puede ayudar en la promoción y venta de los productos o servicios y proponga a los comerciantes de asociarse con usted en las ventas. También puede revisar las redes de afiliados y elegir un producto que sea adecuado dentro de su rubro.

2. Utilice su lista de correo electrónico

Contacte a su público para informarles acerca de sus productos afiliados mediante el uso de la lista de correos electrónicos que ha construido. Envíe actualizaciones regulares y sutilmente hágales saber acerca de sus nuevas reseñas de productos. También puede incluir enlaces de afiliados en sus correos electrónicos, los cuales van a dirigir a la gente a los productos o servicios que usted promueve.

3. Utilizar seminarios web con negocios conjuntos

Otra manera en que un vendedor afiliado puede generar ganancias es a través de seminarios web o "webinars". Es una buena manera de conectar con su audiencia, difundir información, e incluso vender sus productos o servicios.

Los seminarios web que se llevarán a cabo se anuncian con antelación utilizando una plataforma de redes sociales. Entonces, usted hace una transmisión en vivo sobre cómo utilizar el producto, sus beneficios, y mucho más. Interactúe con su audiencia con una sesión de preguntas y respuestas, para ayudarles a tomar decisiones. También, una buena manera de finalizar sus seminarios web es señalando sus enlaces de afiliados. Facebook, Instagram, u otros como Google hangout se pueden utilizar para hacer seminarios web.

4. Optimice su posicionamiento en las búsquedas en línea y utilice el pago por clic

Las reseñas de los productos son una gran manera de ayudar a los clientes. Mucha gente las busca en línea. Por lo tanto, asegúrese de que su producto se pueda encontrar fácilmente mediante la mejora de su motor de búsquedas o posicionamiento en buscadores en línea.

Una vez que su marketing de afiliados está generando buen dinero constantemente, otra manera de aumentar su ganancia es mediante el uso de pago por clic en publicidades. Con los anuncios de pago por clic, puede encausar más visitantes hacia usted, publicitar sus seminarios web, obtener más direcciones de correo e incentivar a la gente a comprar los productos o servicios que quiere promover.

En general, estar en el negocio de marketing de afiliados no es una hazaña fácil. Se necesita trabajar duro y ser dedicado para tener un ingreso estable. Los comerciantes toman grandes riesgos. Ellos deben invertir dinero en sus productos y necesitan crear productos creativos que sean vendibles. Si bien ser un vendedor afiliado requiere que uno se dedique largas horas a formar una reputación en internet, y a construir una audiencia significativa de seguidores a fin de tener un mercado para promover los productos o servicios que son de su interés. Aún así, la inversión en el marketing de afiliados puede ser altamente gratificante.

Capítulo 3: Estrategias de Inversión

Ahora que conoce las diferentes opciones que tiene si decide hacer una inversión, es hora de que aprenda las diferentes estrategias que puede aplicar para aumentar sus posibilidades de éxito. Independientemente del rubro donde quiera invertir, estas estrategias le ayudarán a tomar la mejor decisión de inversión. Examinémoslas una a una.

Análisis Fundamental

El análisis fundamental es probablemente el componente más importante, para crear una estrategia de inversión, que usted debe conocer. Cuando se utiliza el análisis fundamental, se estudian los fundamentos o las bases. He aquí la razón por la que esta estrategia es muy importante, ya que trata sobre la base misma de las cosas. Cuando se utiliza el análisis fundamental, usted tiene que ponderar los diferentes factores que pueden afectar a su inversión. Por lo tanto, debe estar muy atento a las últimas noticias, la economía, la competencia, el nivel de aceptación del mercado y su comportamiento, entre otras cosas.

El análisis fundamental es probablemente el enfoque que requiere más esfuerzo, pero es asimismo una estrategia altamente efectiva y poderosa. La idea detrás del "análisis fundamental" es que al analizar y entender los diferentes factores que pueden afectar a su inversión, usted será capaz de tomar a la mejor decisión. Al tener dominio sobre las cuestiones básicas, usted puede predecir con precisión los movimientos de precios de un determinado activo o mercancía.

Una parte muy importante del análisis fundamental es estar al corriente con las últimas noticias. De hecho, las noticias pueden revelar mucho sobre el devenir de una inversión en particular. La clave al utilizar el análisis fundamental yace en la recopilación de información de calidad. Mientras más información de calidad tenga, más probabilidad tiene de predecir el movimiento de un activo.

Cabe señalar que el análisis fundamental no es una estrategia autónoma. Si bien se puede depender únicamente de ella, cabe señalar que esta estrategia puede ser aplicada en conjunto a otras estrategias. De hecho, los expertos en inversión sugieren que si usted realmente se toma en serio sus inversiones, debe hacer uso del análisis fundamental. Después de todo, esta estrategia trata sobre las bases o lo fundamental de las cosas. Si usted no conoce lo básico, entonces ¿cómo puede esperar tomar las decisiones de inversión correctas? En consecuencia, usted necesita aprender y dominar el análisis fundamental para usarlo sabiamente.

Análisis Técnico

Si usted es una persona mas orientada a lo visual, entonces debe prestar atención al análisis técnico. El análisis técnico hace uso de gráficos y tablas en orden a poder tomar una decisión de inversión sólida. Estas herramientas visuales suelen reflejar los movimientos de precio de un activo o una mercancía a lo largo de un período de tiempo. La idea detrás de este enfoque es que todos los factores que afectan a un determinado activo tienen su efecto final sobre el precio. Por lo tanto, solorealizar el análisis de los movimientos de precios, se llega alidiar con todos los otros factores que afectan a un determinado activo o inversión.

Cuando se utiliza el análisis técnico, es importante aprender a leer y reconocer los patrones. Espera un segundo, ¿existen patrones? La respuesta aquí es sí. De hecho, incluso un generador aleatorio creará patrones de vez en cuando. Sólo tenga cuidado de no caer en el error común de forzarse por ver un patrón incluso donde no se los puede ver. Tenga en cuenta que los patrones van y vienen. Por consiguiente, sólo porque usted ha estado observando un gráfico en particular durante un período de tiempo, no significa que siempre hay un patrón que pueda ser visto. Cuando se utiliza el análisis técnico, es imprescindible tener una mente despejada. Evite cualquier prejuicio o parcialidad cuando esté analizando una herramienta visual en particular. Si usted reconoce un patrón, entonces aprenda a aprovecharlo. Si no ve un patrón determinado, entonces no tiene que tomar ninguna decisión apresurada. Simplemente inténtelo de nuevo la próxima vez.

También es importante recordar que, al igual que el análisis fundamental, el análisis técnico es algo que se puede aplicar a otra estrategia. De hecho, muchos inversores profesionales lo utilizan en conjunto con el análisis fundamental.

Comprar y Retener

La estrategia de comprar y retener es probablemente la más fácil que se pueda utilizar, pero es también muy eficaz. Como su nombre lo indica, la estrategia de comprar y retener implica comprar un determinado activo y mantenerse en él a medida que su precio aumenta. Luego, puede venderlo obteniendo beneficios. Aunque pueda parecer muy simple, muchos inversores han ganado millones utilizando esta estrategia básica. Recuerde el ejemplo clásico: Si hubiera invertido aunque sea $300 dolares en la criptomoneda bitcoin en 2010, sería un multimillonario hoy día. Claro que, este tipo de estrategia también funciona para otras inversiones. En lo referente al principio de comprar en baja y vender en alza, la estrategia de comprar y retener es el camino a seguir.

Es importante señalar que no se debe utilizar esta estrategia a ciegas. Antes de comprar e invertir en algo, primero se debe estudiar y determinar si su precio probablemente aumentará o disminuirá en el futuro. Si luego de una cuidadosa consideración de las circunstancias, pareciera que el precio de un activo en particular   probablementeaumente, entonces es el momento justo para hacer la inversión. Sin embargo, si es lo contrario, entonces siéntase libre de realizar una investigación más profunda y buscar una mejor opción de inversión.

El factor clave a buscar es el valor. Busque algo que tenga un buen valor, pero que actualmente tiene un precio más bajo de lo que merece. Si usted compra ese activo en particular hoy, entonces muy probablemente su precio aumentará en el futuro. Luego, puede venderlo y obtener ganancias.

Promediar en baja

Esta es una estrategia donde usted compra algo en particular a un "precios de oferta". Entonces, ¿cómo funciona? La mejor manera de explicar esta estrategia es usando un ejemplo. Vamos a suponer que usted identifica una acción pequeña rentable que actualmente tiene un precio de $3. Primero debe hacer una orden de compra a su precio actual ($3). Si el precio aumenta, entonces puede venderlo y sacar provecho. Ahora, en el caso de que el precio baje, de acuerdo con el método del promedio, usted debe hacer otra orden de compra. Por lo tanto, si su precio cae de $3 a $2.5, entonces debe comprar nuevamente. Una vez más, si su precio sigue cayendo, digamos, hasta $2, entonces haga otra orden de compra, y así sucesivamente. La idea es seguir comprando el mismo activo a medida que su precio cae continuamente. De este modo, puede comprar a un muy buen precio.

Vale, ¿pero no esta malgastando su dinero en un activo que está en perdida? Aunque pueda parecer que usted está tirando su dinero, en realidad éste no es realmente el caso. De acuerdo con este enfoque, en realidad está haciendo una inversión rentable. Entonces, ¿cómo irá a beneficiarse con esta estrategia? La respuesta es simple: sólo imagínese que el precio del activo vuelve a su valor original (el valor que tenia cuando usted aplicó por primera vez esta estrategia), o superior. Como podrá ver, todas las órdenes de compra que ha hecho se transformarán en una buena ganancia.

Aunque esta estrategia pueda parecer muy práctica y razonable, cabe señalar que es considerada también como una estrategia muy agresiva. Por lo tanto, debe tener mucho cuidado al aplicar esta estrategia. Haga su prioridad el estudio del mercado y elija un activo rentable en el cual invertir.

Venta rápida

El objetivo de esta estrategia es obtener beneficios pequeños pero continuos, con una exposición mínima. La forma de utilizar esta estrategia es invertir en algo que usted cree que sería rentable. El siguiente paso es retirar su inversión tan pronto como se dé cuenta de que puede obtener una pequeña ganancia, luego de deducir los costos de la transacción. Puede entonces repetir este proceso tantas veces como desee. Esta es una buena estrategia para utilizar especialmente en los mercados altamente volátiles, donde los precios de los activos suben y bajan continuamente.

Cuando utilice esta estrategia, es importante no ser codicioso. Debe aprender a contentarse con ganancias pequeñas. Tenga en cuenta que cuanto más uno se aferra a una posición abierta continua, más se expone a los riesgos.

Esta es una buena estrategia de usar si usted tiene una cuenta con financiamiento sólido. Puesto que usted mantendrá su posición cerrada, siempre y cuando tenga un pequeño porcentaje de ganancias, puede ser que no sea capaz de apreciar esta estrategia si solo invierte cantidades pequeñas. Cuando utilice esta estrategia, es necesario mantener una estrecha vigilancia sobre el mercado y enfocarse en la obtención de pequeñas ganancias.

Inversión de valores

Cuando se utiliza esta estrategia, el elemento clave a buscar es el valor. Los días en los que uno simplemente colocaba cualquier producto a la venta y esperaba que funcione bien en el mercado son cosa del pasado. Tenga en mente que ahora usted estará lidiando con un mercado más razonable y pensante. Lo que la gente está buscando es valor. Por lo tanto, se debe buscar algo que ofrezca valor al mercado, o que al menos sea visto por la gente como algo valioso. Identifique aquellos activos que tienen un buen valor pero que actualmente están infravalorados. Esto se debe a que el mercado tiene su propia forma de corregirse. Si encuentra un activo a precio bajo pero de buen valor, entonces es probable que su precio aumente pronto.

Cuando se utiliza este enfoque, se debe prestar atención a las empresas emergentes o activos similares. Esto se debe a que las empresas emergentes tienen aún mucho en que mejorar. Es bueno invertir en algo valioso mientras aún es algo nuevo, ya que a medida que su valor aumente, usted disfrutará también de un buen flujo de beneficios.

Es muy recomendable que utilice el análisis fundamental al tomar este enfoque, ya que tendrá que ir a las bases fundamentales de un negocio o activo en particular. También debe prestar atención al nivel de competencia. Debe entender que las fortalezas y las debilidades son relativas a las de los competidores existentes. Incluso si un activo en particular ofrece una característica interesante, pero sus competidores también están ofreciendo la misma característica, entonces ésta no puede ser considerada como una fortaleza. Por último, pero no menos importante, en la búsqueda de cosas de valor, asegúrese de no tener ningún prejuicio o parcialidad, y siempre vea las cosas como realmente son.

Capítulo 4: Mejores Prácticas

Investigación

Cada inversión que hagan debe ser respaldada con investigación. La investigación es algo de lo que no se puede prescindir. Tenga en mente que cuanta más información tenga respecto a su inversión, es más probable que pueda tomar la decisión correcta. Huelga decir, que la manera de reunir tal clase de información es haciendo investigación.

La falta de investigación suficiente es un error común cometido por los inversores. Ahora bien, no existen reglas rígidas respecto a cuánta investigación se requiere. Sin embargo, usted sabrá si ha realizado la suficiente cantidad de investigación cuando se sienta honestamente seguro sobre su decisión, y pueda defenderla con argumentos razonables.

Además, es necesario tener en cuenta que la investigación nunca termina. Como inversionista, es su trabajo diario investigar el mercado y estar al día con los últimas novedades. Es importante supervisar sus inversiones y la manera de hacerlo es mediante la investigación continua.

Llevar un diario sobre las inversiones

Aunque no es indispensable, siempre es ventajoso escribir un diario o bitácora de inversión. No se preocupe, usted no tiene que ser un escritor profesional para crear un diario de inversión. Sólo hay dos cosas que se necesita hacer: Tiene que actualizar su diario de forma regular, preferiblemente todos los días, y debe ser completamente honesto con todo lo que escriba en su diario.

Llevar un diario de inversión le permitirá verse desde una perspectiva diferente, desde un punto de vista libre de cualquier forma de prejuicio o sesgo. Esto le permitirá identificar sus fortalezas y debilidades más claramente, así como errores que de otra manera pasaría por alto.

En las primeras semanas, puede que no logre apreciar su diario. No obstante, no deje que esto lo decepcione. Simplemente persista en escribir su diario. Luego de algún tiempo, comenzará a apreciarlo, especialmente una vez que pueda notar su progreso. Si no le agrada escribir en un anotador o cuaderno, siéntase libre de usar un ordenador o incluso su teléfono móvil para escribir. Sólo asegúrese de mantener sus archivos bienguardadossiempre.

Seguir las últimas noticias

Las noticias pueden revelar mucho sobre sus inversiones. De hecho, simplemente al seguir con atención las noticias y hacer sus propios análisis, usted puede formular a una sabia decisión de inversión. Las noticias revelan las últimas tendencias, así como la dirección que el mercado está tomando. Esto puede fácilmente proporcionarle la información sobre las mejores acciones a tomar.

Es una buena práctica combinar las diferentes piezas de noticias sobre el mismo tema y luego utilizarlas como material para su análisis. Sin embargo, evite cometer el error de dejarse influenciar por las noticias. No permita que las noticias lo dirijan y hagan la inversión por usted. Siempre tenga en mente que es usted quien debe tomar la decisión sobre donde invertir su dinero.

Expandir su red

A veces, la vida de un inversor puede ser triste. Es una vida en la que siempre se está por cuenta propia y se es responsable de todas las acciones. De vez en cuando, es bueno establecer redes y relacionarse con individuos de ideas afines. Afortunadamente, esto es algo muy fácil de hacer con sólo unos pocos clics del ratón. Hay diversos grupos en línea y foros a los que usted puede unirse fácilmente en cualquier momento. Esto es una buena manera de conocer las opiniones y puntos de vista de otras personas, así como también aprender de ellos.

Incluso si usted no es una persona sociable, puede aprovechar los foros. De vez en cuando, encontrará sin duda publicaciones interesantes que pueden ayudarle a mejorar como inversor. Al ampliar su red, usted puede aprender ideas interesantes. No se impongas ninguna limitación. Anímese a expandir sus límites.

Desarrollar su estrategia

En lo referente a ser un operador comercial, la estrategia es un elemento crucial. Pero tener una estrategia no es suficiente, también se debe ejecutarla correctamente y con eficacia. Este libro le ha revelado una serie de estrategiasnotables que pueden aumentar significativamente sus posibilidades de éxito. Ahora depende de usted ponerlas en practica y alcanzar la maestría. Debe comprender que invertir significa más que obtener conocimiento, es una habilidad que debe ser practicada.

También debe darse cuenta que está tratando con un mercado en constante movimiento y evolución. En consecuencia, siempre se debe trabajar para mejorar la estrategia. Siempre recuerde que el mercado está vivo así que no deje de desarrollar su estrategia.

Aprender de sus errores

Incluso si usted intenta ser demasiado cuidadoso, cometerá errores de vez en cuando. Cuando cometa errores, no sea demasiado duro consigo mismo. Sin embargo, siempre es importante aprender de sus errores. Cuando cometa un error, tómese un descanso por un tiempo y reflexione sobre ello. Dedique todo el tiempo que sea necesario para aprender de sus errores, para no volver a cometerlos de nuevo. Esta es la manera de mejorar como inversionista. Es también una buena oportunidad para anotar en su diario sus nuevos aprendizajes y descubrimientos, a fin de no olvidarlos.

Mejoramiento continuo

Siempre ambicione la mejora continua. Esta es la manera de mejorar como inversionista. No se limite únicamente a lo que ha leído en este libro. Siempre recuerde que no existe límite en cuanto al conocimiento y al auto-mejoramiento. Por lo tanto, siéntase libre de estudiar otros libros y descubrir otras estrategias que puedan ayudarle a mejorar como inversor. También debe evitar permanecer en su zona de confort durante demasiado tiempo. Si nota que ha estado en su zona de confort por mucho tiempo, entonces es una señal de que ya no está mejorando. Recuerde siempre esforzarse por mejorar continuamente. Mientras más mejore, más oportunidades tendrá de obtener beneficios.

Tomar un descanso

La vida de un inversionista puede ser interesante y divertida, pero también puede ser agotadora. Debe tener en mente que al igual que es importante trabajar, es igualmente importante tomar un descanso de vez en cuando. Relajando su cuerpo y despejando su mente, será un inversionista más efectivo. Cuando usted tome un descanso, no sea como los demás, que aún siguen pensando en sus inversiones o se preocupan por las siguientes estrategias que van a utilizar; al contrario, no piense en nada que esté relacionado con la industria. No se preocupe, podrá trabajar más y será más eficaz después de un breve descanso. Es una buena oportunidad para irse de vacaciones o simplemente para una noche de cine con su familia o amigos. Tome un descanso, se lo merece.

Capítulo 5: Errores Comunes

Ir detrás de sus pérdidas

"No persiga a sus pérdidas." Este es un consejo común dado a los apostadores. Sin embargo, también es aplicable cuando se es un inversor. Es que la persecución de sus pérdidas por lo general sólo conduce a más pérdidas. Lo sorprendente es que incluso aquellos que son muy conscientes de esta enseñanza aún siguen persiguiendo sus pérdidas. Entonces, ¿cómo sucede esto? Normalmente, una persona persigue sus pérdidas después de sufrir una enorme. Proviene del deseo de recuperar lo que se ha perdido y conseguir aún alguna ganancia. El problema yace en que cuando uno corre detrás de inversiones perdidas, se suele pasar a una estrategia más agresiva y por lo tanto se debe hacer frente a mayores riesgos. Es importante tener en cuenta que ir detrás de sus pérdidas no siempre terminará en más pérdidas. Sin embargo, no puede esperar terminar en una mejor posición si sigue aplicando este enfoque. En lugar de perseguir sus pérdidas, lo que debe hacer es perseguir más ganancias. Si se encuentra frente a una pérdida, acéptala, pero siempre aprenda de su error. Después de todo, si tiene intención de hacer carrera en el mundo de la inversión, no podrá evitar enfrentar algunas pérdidas. Una vez más, sea más positivo y persiga más ganancias.

Invertir más de lo que puede permitirse perder

En cualquier forma de inversión, siempre existe el riesgo de que pueda perder su dinero. No importa la cantidad de investigación que haga, este riesgo permanece. Y normalmente, cuanto mayor sea el riesgo, mayor será el beneficio. No invierta el dinero que no pueda permitirse perder. Esto significa que no debe gastar el dinero que necesita para pagar la electricidad, el agua, las cuentas del hogar, y otras obligaciones. Aunque su intención al hacer una inversión es obtener ganancias, debe prepararse para lo peor.

Invertir como un hobby

Existe mucha gente que empieza a invertir como un pasatiempo. Aunque ésto no tiene de malo, no es el enfoque sugerido. La razón yace en que tratar algo como un mero pasatiempo normalmente demuestra falta de compromiso y devoción. Por lo tanto, en lugar de tomárselo como un simple pasatiempo, se sugiere que cambie su perspectiva, y comience a tratar las inversiones como algo profesional, como lo haría con cualquier otro negocio. Ahora, si usted piensa que no cuenta con tiempo suficiente para dedicarse a la gestión de sus inversiones, entonces sea un inversor profesional de tiempo parcial. Tenga en cuenta que esto significa que usted estará dedicando el tiempo, el esfuerzo, y la devoción que sus inversiones merecen.

Dejarse llevar por las emociones

Durante el curso de una inversión, puede ser fácil dejarse llevar por sus emociones. Sin embargo, no debe dejar que esto le suceda. Aunque es bueno sentir pasión por lo que está haciendo, no es bueno permitir que sus emociones nublen su juicio. Como inversionista, asegúrese de mantener sus emociones a raya y bajo control. Si, en algún momento dado, usted nota que sus emociones están bloqueando su pensamiento lógico, entonces deténgase y no realice inversión alguna. Desafortunadamente, usted está tratando con un mercado al que no le preocupan sus emociones. Es un juego donde solo importan los números y es necesario pensar con claridad y objetivamente.

No retirarse

Existen algunos inversores que no retiran sus beneficios. El motivo detrás de esto es que quieren tener más fondos en su cuenta, para poder así obtener más ganancias. Aunque esto pueda parecer razonable, no es el enfoque sugerido. Es necesario entender que la única manera en que usted puede utilizar plenamente sus ganancias es convirtiéndolas en dinero en efectivo. Huelga decir que, la única manera de hacerlo es haciendo un retiro. Tenga en cuenta que usted no tiene que retirar todas sus ganancias de una sola vez. Si lo desea, puede retirar la mitad de sus ganancias y dejar la otra mitad en su cuenta. No obstante, es importante hacer retiro de vez en cuando. Al hacer un retiro, también está minimizando los riesgos.

Apostar

No haga apuestas. Si sólo va a jugar como un apostador, entonces lo disfrutará mucho más en el casino que haciendo una inversión legítima. En vez de apostar y confiar en la suerte, se debería hacer más investigación. Al contrario de los juegos de azar en el casino, donde el resultado depende de una baraja de cartas o de un giro en la ruleta, invertir es mucho más razonable. Existen muchos factores que se pueden analizar que pueden ayudarle a llegar a la decisión adecuada de inversión. De hecho, de vez en cuando, puede ser muy tentador recurrir a los juegos de azar, ya que uno puede olvidarse del trabajo duro de investigación y análisis de datos. Pero, es necesario entender que todo el trabajo que se hace es para usted mismo. Nunca haga una inversión que se base puramente en un impulso de juego. Se debe comprender que se está tratando con un mercado vivo y racional, por lo que siempre utilice su cerebro. Es mejor no hacer ninguna inversión en absoluto que lanzar su dinero en apuestas.

Avaricia

La codicia es un problema común pero grave. Hay innumerables inversionistas en todo el mundo que han perdido sus ganancias debido a la codicia. Por lo tanto, es importante que aprenda a no ser codicioso. Una buena manera de lograr esto es mediante un plan. Usted debe tener un plan a corto plazo y un plan a largo plazo. Asegúrese de establecer objetivos o metas razonables. Huelga decir que debe atenerse a sus planes. Nunca abandone o cambie sus planes a menos que tenga buenos motivos para hacerlo. Además, no debe olvidar que permanecer en un plan de inversión rentable durante demasiado tiempo podría causar la perdida de todas sus ganancias a largo plazo. Nunca subestime la volatilidad del mercado. En lugar de ser codicioso y dejarse llevar por las emociones, debe aprender a estar satisfecho y ser más objetivo en su enfoque. Nunca permita que la codicia lo controle.

Conclusión

Gracias por llegar hasta el final de este libro. Esperamos que haya sido informativo y que le haya proporcionado todas las herramientas necesarias para alcanzar sus objetivos, sean cuales sean.

El siguiente paso es aplicar todo lo que ha aprendido y comenzar a hacer inversiones rentables. Aprender a invertir efectivamente requiere más que leer un libro. Requiere compromiso, práctica, tiempo, disciplina y trabajo duro. Estas son cosas que no se pueden aprender de un libro. Más bien, se necesita tener la iniciativa para tomar las medidas necesarias.

A esta altura, usted debería tener una buena base y comprensión de cómo hacer inversiones rentables. Depende de usted poner en práctica su nuevo conocimiento y comenzar a disfrutar de una mina de oro de ganancias. Antes de hacer cualquier inversión, recuerde hacer toda la investigación y análisis necesarios.

Además, siéntase libre de volver a repasar todas las lecciones de este libro tantas veces como sea necesario. Este libro le ha dado las claves de la libertad financiera, el resto depende de usted.

Por último, si usted ha encontrado este libro de alguna utilidad, una reseña siempre es apreciada!

www.ingramcontent.com/pod-product-compliance
Lightning Source LLC
Chambersburg PA
CBHW061517050726
47593CB00002B/612